反貧困——半生の記

宇都宮健児

花伝社

反貧困――半生の記◆目次

はじめに――父の働く姿……7

1章　魂の仕事人――サラ金被害者を救う

1　プロ野球選手になることが夢だった……15
2　二度のクビ宣告……24
3　ヤミ金とやり合う……32
4　多くの人を救うためには……44
5　働くことに意味などなくていい……56

2章　貧困の連鎖

1　貧困の連鎖を断ち切れ……74
2　多発する餓死事件……76
3　働く貧困層……78

4 生活保護基準……80
5 給食費・保育料滞納問題……82
6 借金苦による無理心中事件――小さな子どもが犠牲になっている……84
7 高利被害の根源は貧困……85

3章 サラ金・ヤミ金・高金利と戦う

1 一本のテープが、世論を動かした……96
2 サラ金、ヤミ金の現状と問題点……104
3 貸金業法の改正と今後の取組み……112
4 利息制限法も高すぎる、更に引き下げへ……117
5 グレーゾーン金利廃止でどうなる……120
6 貸金業界の巻き返し……129
7 感動をありがとう……134

4章 反貧困ネットワーク

1 反貧困ネットワークの結成……140
2 労働運動に期待する……145
3 全国民的ネットワークの形成――中央労福協、連合との連携……149
4 広がる貧困と反貧困運動――年越し派遣村から見えてきたもの……157
5 現行労働者派遣法の問題点とあるべき改正案について……168

5章 地下鉄サリン事件被害対策弁護団長として見えてきたこと

1 これまでの経緯……174
2 地下鉄サリン事件で明らかになった被害者救済に関する問題点……191
3 法律の改正、新たな法律の制定……199
4 まとめ――被害者救済は国の責務である……202

5　その後の経過……208

6章　道標

1　背筋を伸ばした生き方――藤沢周平作品を読む……216
2　仕事力……226
(1)　弱者から目をそらさない／226
(2)　平等にはこだわっている／228
(3)　人のためなら、強くなれる／230
(4)　声を上げよ、と伝えたい／233

終章　弱肉「弱」食社会を考える　対談　宮部みゆき……237

あとがき……259

初出一覧……262

はじめに――父の働く姿

私の原点――父の働きぶりに学ぶ

弁護士になって三八年になります。仕事の依頼のほとんどがサラ金、ヤミ金融などの多重債務の相談です。悪徳業者が事務所へ怒鳴り込んできたり、脅かされたりすることもありましたが、法律を盾に毅然とした態度で立ち向かえば、必ず解決できます。それよりも何よりも人の役に立てていることを実感できるのが、この仕事の魅力です。

人のために頑張る、一生懸命働く。どんな仕事においても、それが一番大事で、その姿勢を貫ける人こそが真のプロだと思います。

そう教えてくれたのは〝父の働く姿〟でした。

父は七人きょうだいの六番目。二〇代は、朝鮮半島や中国大陸、東南アジアとずっと戦争に行っていました。途中で爆撃機の操縦士になりましたが、終戦直前にアメリカの戦闘機に撃たれて左足が不自由になるけがをしました。野戦病院に入っていて特攻隊員とはならず、命を永らえたのです。

終戦で郷里の愛媛県に帰りました。母と結婚したのもそのころです。父は軍隊で得た金から実家に仕送りしていたようですが、六番目の子なので自分の畑はありません。それで、他人の土地を借りて芋や麦を作ったそうです。リアス式海岸の沿岸地域だったので、畑に行くにも小舟で岬をめぐって行きました。漁業もしており半農半漁の生活でした。

厳しい開拓生活

私が小学校三年のとき、私たち一家は大分県の国東半島に移りました。父が開拓農民になったのです。森を切り開いて畑にする。土の中に石があるので作業は大変です。冬は手が荒れますが、ワセリンという薬を塗って仕事を続けました。

電気が来るか来ないかといった時代です。父が軍人恩給をもらっていたおかげで私や妹が大学まで行くことができました。生活は苦しかったのですが、でも、父はものすごくまじめでこつこつ働きました。夜が白々と明け始めるころから畑に出て、夜は星が出るまで頑張りました。最初は芋、後でミカンや野菜を作るようになりました。畑は家の近くでしたから、私は父の働きぶりをしっかり見て育ったのです。

私の通った小学校は家からそんなに遠くなかったのですが、中学校は山を三つ越えなければ行けないようなところでした。そのため、熊本市内の母方の親類の家から中学に通い、高校からは熊本市内に下宿して学校に通いました。

巨人の長嶋、南海の杉浦といったプロ野球選手が多額の契約金をもらっていましたので、私も一時期プロ野球の選手を志望していました。しかし体が小さかったので無理とあきらめ、学業に励みました。幸い成績も良かったので、いい大学へ入れば、官僚か大企業に入れる。立身出世をして家族を楽にしてあげよう。そう思い、東京大学へ進学したのでした。東大にストレートで入るために猛烈に勉強したのですが、父の働きぶりを見ているから苦にもなりませんでした。

仕事のないつらさを経験したイソ弁時代

大学入学直後から学生運動が盛んになり、その影響で私の意識もがぜん〝社会〟に向くようになりました。運動に直接関わったことはないのですが、私の住んでいた東大駒場寮では「学問を誰のために役立てるべきか」などをよく議論したりしていました。その中で、徐々に自分の家族だけではなく、自分の育った階層の人たちすべてが、貧困から脱出し、幸せになれるように自分の力の限りを尽くそう、と気持ちが変わっていったのです。

そこで、初めて弁護士になることを目標にしました。自分の力で農業を営む父を見て育ったので、私も単身で、自立して働ける職業が何かないかと考えていた矢先、友人から弁護士という職業があることを聞き、これだと思いました。そして、大学三年から一発合格を目指して猛勉強し、翌年には合格しました。司法研修所を経て、二四歳で晴れて弁護士になりました。

ところが、ここから私の挫折人生が始まります。結局、弁護士事務所の勤務弁護士、いわゆる「イソ弁」を通常なら三〜四年で通過するところ、通算一二年間経験しました。事務所も二回クビになりました。イソ弁だけでは食べていけず、専門学校で商法の講師をしたこともあります。この頃が一番つらかった。思えば、私自身、どこか公務員的な感覚で、弁護士の資格があれば、自然に仕事が舞い込んでくるという甘えもあったんでしょう。田舎者で、人づきあいもうまくなかったので、なかなか顧客を得られなかったのも独立できなかった大きな理由だと思います。

人に頼ってもらえることがお金以上の財産

多重債務者の相談を頼まれるようになったのは最初の事務所をクビになり、次の勤務先を探しに弁護士会を訪ねたのがきっかけです。一九七〇年代末、ちょうどサラ金の高金利・過剰融資・苛酷な取り立てに苦しめられる、いわゆるサラ金地獄が社会問題化し始めた頃です。サラ金被害者の相談窓口はまだ設置されていませんでしたし、サラ金でお金を借りる人々が相手ですので、解決してもお金がもらえないのでは、という不安もあってか、サラ金事件を受任する弁護士がほとんどいない状況でした。そこで、東京弁護士会の職員が、担当する事件もなく、暇そうにしている私にサラ金事件を次々にまわしてくるようになったわけです。

実際に相談にのってみると、相談者の多くはサラ金業者の厳しい取り立てに追われて、ノイローゼになり、手首を切ったり睡眠薬を大量に飲んで自殺を図ったりと、ひどい状況でした。最初はやり方がわからず、無我夢中でした。それでも弁護士が相談者（債務者）の衝立てになれば、その分弁護士へ業者からの電話は集中しますが、相談者への取り立てはやわらぎます。それが本当に嬉しかった。

相談者が払える範囲で月五〇〇〇円、一万円ずつと分割でもらうようにしましたが、確かに多重債務の相談はお金にはなりません。それでも私は自分を頼ってくれる人がいる、感謝してもらえる、それが次の仕事の励みになり、糧になっている。だから働き続けられたのです。「人の手助けになっている」ことを実感できるのが、私にとっては、お金以上の〝財産〟なのです。だから、お金は関係ありません。実際、生活できるだけの稼ぎはあるわけですから、それで十分だと思っています。

農家出身は誇り

学生時代、地方出身の学生の中には、農家出身であることにコンプレックスを持っている人もいましたが、私は誇りに感じていました。家族が一致団結していたことと合わせ、家庭環境はよかったと思います。

妻も茨城県の農家の出身です。仕事の関係で知り合うようになり「貧乏な生活にも耐えられるだろう」と思って、学歴の差などを乗り越え結婚しました。

私は弁護士になった後も、お金がしっかり入るような仕事に恵まれず、一二年間は独立の事務所を持てなかったのですが、共働きだった妻の収入もあったので、独立後も何とかやっていけました。こんな事情なので、私が仕事に集中していても家庭内ではあまりクレームが出ません。

父は今年で九三歳になります。今も変わらず現役でみかん農家を営んでいます。〝働き続ける〟父は私にとって、いくつになっても尊敬すべき存在であり、かくありたいと誇りに思っています。

1章

魂の仕事人――サラ金被害者を救う

ここに収録する文章は、『人材バンクネット』（株式会社アイ・キューブのウェブサイト）の連載『魂の仕事人』に掲載されたインタビューの全文（二〇〇六年四月三日、四月一〇日、四月一七日、四月二四日、五月一日）を一部加筆・訂正して収録したものである。

取材・執筆　山下久猛

1　プロ野球選手になることが夢だった

弁護士を目指したのは親の背中を見て育ったから

弁護士になって三〇年以上年経ちますが、最初から弁護士を目指していたわけじゃないんですね。弁護士という仕事は大学に入ってから初めてその存在を知ったくらいですから（笑）。元をたどれば、幼少時代から親の背中を見て育ったことが大きいんじゃないかと思います。

私の父親は復員軍人、しかも傷痍軍人だったんです。若いときに兵隊に行って、一〇年くらい戦争に従事したんですが、途中で爆撃機の操縦士になってね。それで終戦直前にアメリカの戦闘機に撃たれて、左足を負傷したんです。野戦病院に入っているときに終戦になって命が助かるわけですけど、同僚のほとんどは特攻隊で死んでいます。

で終戦後、田舎へ帰ってきた。田舎は愛媛県の小さな漁村でしてね。すごく畑の少ないところで、海岸は段々畑でね。そこで農家をやっていたんですね。でも父は七人兄弟の六番目だったから、田舎に帰ってきても畑がないわけですよ。だから他人の畑を借りて芋や麦を作ったりしてたんですね。

それから夏なんかは、伝馬船、櫓（ろ）で漕ぐ船ですね、それに乗って釣りをしてました。夕方、浜を出て行くときに、近くの海で「モイカ」と呼んでたイカを釣ってね。それをエサにして朝方ハマチを釣るんです。ハマチを釣るときは流し釣りといって、僕が櫓で船を漕いで親父が釣る。夕方から朝方までは沖に錨を降ろして船を固定して、アジやサバ、イサキ、タチウオなどを釣りました。夜中の一二時頃までは一緒に付き合って、その後は船の中で寝てました。親父は朝まで釣る。釣った魚を売って家計の足しにしてたんですね。

海辺から山の上へ――いちから生活する場を開拓

でもそういう生活にはやはり限界があって。基本的には自前の畑がないし、まして僕の下には二人の妹がいるんですが、子どもが三人もいたら、やっぱり食べていけないんですよ。それで、私が小学校三年のときに、一家で大分県の国東半島に開拓入植したんです。海辺から山の上へ。愛媛県の漁村から、漁船にいろんな家財道具、猫とかヤギとかを積んで海を渡ってね。当時、終戦直後は食糧が足りないから、食糧増産で開拓を奨励していたんですよね。

山の中腹は険しいですから、山の頂上近くのなだらかなところを開墾して畑にしたわけです。だから入植した当時は、電気なんてもちろん引かれてない。家も天井なんかありませんでした。そういう状況で海から山の開墾生活が始まったわけです。

なんせイチから生活する場を切り開いていかなければならないわけですから、何かと大変でした。木を一本引っこ抜くのも一苦労。今みたいにブルドーザーとか重機があれば大きな木でも簡単に根こそぎやれますけど、昔はそんなもんはないですからね。当時は「バチ」と呼んでいた重くて頑丈な鍬で開墾していました。まず木の周りを一メーターくらい掘り起こすんですね。周りにはだいたいいろんな竹とか木が生えていますから、その長い根を引っこ抜いてね。そしたら木や竹の根を掘り起こした底の土が畑になるわけですね。

そうやってひと鍬ひと鍬起こして畑にしていくような作業をやったわけです。僕が小学校三年のころね。だいたい父親は朝の三時とか四時に起きて仕事を始めて、星が出るころやめる、そういう仕事をひたすらやってたんです。特に冬場はつらい。地中にはたくさんの石がありますから、鍬が当たると衝撃で手がしびれるんですね。それを繰り返してると手の皮が裂けるんです。下に肉なんかが見えてね。でもそこにワセリンをすりこんで、またやる。非常につらい作業だったんだけど、親父は脚をケガしていながらグチひとつ言わず黙々と働いてました。

開墾して畑ができて、作物ができると子供たち含めて家族総出で収穫作業や出荷作業をやってね。生活は苦しかったけれど、家族の連帯感はありました。そういう親の姿を間近で見て育ったんですね。

最初の夢は野球選手――中学から親元を離れる

私が一番最初になりたいと思ったのは、野球選手だったんですね（笑）。僕が小学校の三年か四年のときに、立教大学の学生だった長嶋茂雄さんが巨人に入団したんだけど、そのときの契約金が二〇〇〇万円だった。当時二〇〇〇万っていえば家がすぐ買えるような金額。それを見て野球選手というのはすごくお金になると(笑)。それで自分は野球選手になって、リッチになって親孝行しようと思って小学校三年から野球を始めたんです。

勉強の成績は良かったですね。私たちは第一次団塊の世代、戦後のベビーブームでね。親も地域もすごく教育熱心だったんです。当然、親とか学校の先生は、中学進学は教育レベルの高い都会の学校に行かせたらどうかっていう話をしていた。

それで、母親の兄弟が熊本市内にいたから、僕は中学から叔父さんの家に預けられて、熊本の中学に通うことになったんです。もちろん野球部にも入りました。親や教師としては教育のためだったんですが、むしろ僕は「野球をやるために」という気持ちが強かったんですね。

最初の挫折を経験――野球の夢は東大に変わった

当時、熊本は九州の中でも野球王国だった。巨人の「神様」川上哲治はじめ、有名なプロ野球選手を数多く輩出してたんです。野球選手になるためには野球に強いところにいかなきゃならないという気持ちで、熊本に行って中学に入学してすぐ野球部に入った。でも部員が一〇〇人以上いたんです。練習が非常にキツかったし、周りには中学生のくせに身長一八〇センチとかね、そういうすごいのがゴロゴロいてね。その中でレギュラーを取るということは並大抵のことじゃないわけです。私は体が小さいですしね。でも一年間くらいは頑張ってみたんですが、これはとても無理だと、がっくりきましてね、挫折しちゃったんです。

それでしょうがないから勉強を頑張ろうと思ったわけです(笑)。勉強で身を立てようと。ただ、九州は文武両道の思想が強いところですから、勉強だけできてもダメ。それで中学二年から卓球部に入ったんです。結局この卓球は高校、大学でもずっと続けました。

高校は熊本県の受験校に入りました。そこで卓球をやりながら東大の法学部を目指して勉強しました。野球の夢が東大に変わったようなもので、当然東大に入ったあとは、官僚になるか大銀行とか大企業に入って、早く金持ちになって親に楽をさせたい、貧乏から脱出したい、そういう気持ちが第一だったわけです。受験する当時は弁護士になりたいとは全然思ってなかったんです。そういう職業があることもよく知りませんでしたしね。ただ法学部に入ればエリートコースに乗れてリッチになれると思ってたんですね。

ストレートで東大合格――何のために学問をする?

ところが東京大学に入って、ものの考え方や将来の夢はガラっと変わりました。私が大学に入ったのは昭和四〇年（一九六五年）。家が貧乏だったので寮費が安い東大駒場寮に入ったんです。

ちょうど大学に入学したのは日韓条約が締結された年で、大学ではかなり反対運動が強くてね。その学生運動の拠点が東大駒場寮だったんです。そこで初めて社会運動っていうのに目が行った。

それまでは、いかに貧乏から脱出するかがテーマで、早く大蔵省とか通産省などの官僚、あるいは大企業の幹部になってリッチになるということを目標にしてたんだけど、駒場寮で学生運動、社会問題に初めて接することによって、どう生きるか、何のために学問するのかってことをだんだん考えるようになったんですね。

そこがまず最初の転換点でしたね。実際に学生運動には積極的に参加しなかったんだけど、よく寮で仲間と酒を飲みつつ徹夜で議論したりする中で、だんだん自分自身が学んだことをどういうふうに社会のために生かすのかということを考えるようになった。

学生運動の中で「弁護士」を初めて意識

いろいろ話をする中で、どうも世の中には貧しい人がたくさんいる、東京にも山谷のようなところがあるしね。また考えてみたら私のいとことかはとこは、中卒でみんな働いている。集団就職でね。周りの開拓農家はみんな貧しいわけですよ。そんな中、私の家だけ豊かになったとしても、それでいいのかというような疑問ですね。

だからやはり学んだことを、自分だけのためじゃなくて、自分の周りの同じような貧しい人びとのために役立てるのが、人間として筋じゃないかとかね、そういうことをだんだん考えるようになったんです。

じゃあどういうところに行ったらいいんだって考えたときに、やっぱり官庁とか企業とか、どうもそういうもんじゃないぞと。考えてみたら、大企業に入ったら、大組織の中に組み込まれちゃうわけですよね。ひたすら利益を追求するために。そういうのは非常に窮屈なような気がした。

でも仲間の中に弁護士を目指す人がいて、その話を聞くと、弁護士は非常に自由であり、自分が学んだ法律の知識を人のために役立てることが可能なんじゃないかとだんだん思えてきて、それで弁護士を目指して司法試験の勉強をするようになったんです。

司法試験、週一〇〇時間の猛勉強――背水の陣で在学中に一発合格

卓球も続けていて、東大卓球部のレギュラーとして大学三年の秋の関東リーグ戦までやりました。それですぱっと卓球はやめて司法試験の勉強一本に打ち込んだんです。

勉強は東大受験のときの一〇倍くらいはやりましたね。一週間に一〇〇時間くらい勉強してました。そのため体重が七、八キロ落ちて、良かった視力が落ちてメガネをかけるようになりました。そこまで頑張れたバックボーンになったのは、父親の働いている姿でした。朝三時四時に起きて、夜の八時九時まで働く。文句も言わずに黙々とね。それに比べれば勉強なんか簡単なことなんですよ。せいぜい体重が減って視力が落ちるくらい。それで死ぬことはないですからね。

また、ウチは貧乏でしたから、一発で合格しなきゃならなかった。親に迷惑はかけられない

から。司法試験を受ける人の中には五回も六回もだらだらやってるのもいるけど、うちはそんな経済的余裕なんてないですからね。受けるなら一回で受からないかんと。それで受からなきゃ司法試験はすぱっとやめて、他の道に行くしかないと思っていた。だから背水の陣。人間、そういうのは重要ですよ、だらだらやっててもしょうがないですからね。

こうして、在学中に一発で合格することができました。

でも当時東大法学部で弁護士を目指すのは異端だったんですよ。大蔵省や通産省の官僚とか大銀行などの大企業を目指すのが一般的だったんです。

親を思って東大中退――屈辱のイソ弁生活のスタート

二二歳のときに大学を中退して司法研修所に入りました。中退したのは経済的な理由です。当時大学では東大紛争があって、卒業試験が伸びたりしてたんです。奨学金をもらったり、三年から授業料も免除されていたんですが、それでも生活費は親から仕送りしてもらってました。傷痍軍人だった父親の恩給からね。でも司法修習生になると、公務員と同じ扱いで給料が出るんですよ。だから親に迷惑をかけないで、自活できるんですね。それで卒業よりも司法修習生の道を選んだんです。

実は今でも東大法学部から「卒業生のみなさまへ」っていう手紙が来るんですよ（笑）。卒業名簿を作るから連絡先を教えろとか、東大の法科大学院に寄付してくれとか。向こうはてっきり卒業していると思ってるんだろうけど、私、中退してますからね（笑）。

司法研修所を出て、最初の弁護士事務所に入ったのは二四歳のときでした。弁護士の世界についてては具体的なイメージがなくって、弁護士になれば自動的にメシが食えるようになると思っていた。ところが、それは大きな間違いだったんです。

2　二度のクビ宣告

七年目に一回目のクビ宣告——絶望にまみれた空虚な日々

普通、司法研修所を出たばかりの弁護士は、当然すぐに自分の事務所をもてるはずもないので、大きな弁護士事務所に入ってそこの事件をやりながら給料をもらいつつ、徐々に自分のクライアント（依頼者）を増やしていくんですね。

そういう他の弁護士が経営する事務所に勤務している弁護士のことを、業界用語で「イソ弁」っていうんです。これは、「居候」弁護士からきたっていう説と、「いそぎんちゃく」弁護士からきたっていう説があるようです。まあどっちでもいいんですけどね（笑）。

ちなみに雇っている方は「ボス弁」というんです。それで多くの人はイソ弁生活を三年から長い人でも五年して独立する。仕事をこなしながら、こまめに、小学校・中学校・高校・大学などの同窓会に出席したり、中小企業の経営者と一緒にゴルフや食事をして人脈を築いていくというようなことを熱心にやるんですけど、僕にはそれを上手にやることができなかったんです。社交性がある方ではないし、人付き合いも苦手ですしね。

だからイソ弁生活で、事務所の事件をやって給料はもらっているんだけど、なかなか独立できる基盤が作れなかったわけです。スケジュール帳なんか真っ白でね、仕事がないから。で、最初の弁護士事務所で七年くらい経ったとき、ボス弁から、「宇都宮君ももうそろそろどうですかね」というような、肩たたきにあったわけです。三一歳のときですね。こりゃあたいへんだ、安穏としてぬるま湯に浸っていたようだけれど、もう自分もそういう時期になったんだと思った。でもいきなりは出て行けないから、ボス弁にもう一年猶予をもらえませんかと言って、事件を増やそうと努力したんです。でもなかなか増えない。

クビを言い渡されたときは本当にショックでしたね。「おまえは要らない」といわれるのは、全人格を否定されることなんですね。それまで僕は貧しいながらエリートコースを歩んできてると思っていただけに、相当落ち込みました。

最初の頃はまだいいんですよ。一年目とかはね。ところがだんだん、五年、六年経つと、だいたい同期はみんな独立するわけですよ。弁護士会の控え室なんかに行くと、みんなたむろしてるんだけど、やっぱり独立して自分の弁護士事務所を構えたやつは、意気に燃えて輝いているんですよ。

それに引き換え自分はまだ独立のメドすら立たない。「宇都宮、おまえどうしてるの？　まだイソ弁なのか」なんて言われるのが嫌だから、弁護士会からもだんだん足が遠のくわけです。みんなに会いたくなくてね。

モーニングを食べながら『モーニング』を読む日々――専門学校でアルバイト開始

その頃、事務所に行っても自分の仕事はないと。事務所としての仕事はあるけど、自分がとってきた仕事はない。当然展望も全くないわけですね。だから午前中は喫茶店で漫画雑誌ばっかり読んでました。モーニングを食べながら『モーニング』を読んでた（笑）。マンガ雑誌のね。あの頃は『ああ播磨灘』とか『課長島耕作』とか読んで、みんな苦労しているなあと（笑）。俺だけじゃないんだと。そういうところでずいぶん励まされたというか、気を紛らわせてましたね。

とにかく仕事を増やさなきゃならないということで、水道橋にある公認会計士とか税理士を育成する大原簿記学校で講師のアルバイトを始めたんです。公認会計士や税理士は、必須科目で商法を必ずとらなきゃいけなくて、その商法を教える先生がいないから、講師をやらないかという話があったんですね。僕はあまり商法は好きな法律じゃないんだけど、この際、背に腹は替えられないということで、専門学校の教壇に立って商法を教えることにしたんです。一年間くらいやったのかな。

でもこれがおもしろくなくてね。「なにをやってるんだ俺は……。こんなことをやるために弁護士になったんじゃない」っていつも思ってましたね。

それでも続けたのは、独立するための資金を貯めなきゃと思っていたから。でも結局は、一年たってある程度貯金が増えても、それだけじゃとても独立できないわけです。ある程度のクライアントを抱えているとか、コンスタントに依頼が来るような状況じゃなかったら、独立だけはできたとしても、毎月の事務所の家賃や人件費などの運営費は払えないからね。

それと平行して、とりあえず食っていかなきゃいけないんで、新たにイソ弁として雇ってくれる事務所も探していました。弁護士会にはイソ弁募集の求人情報もあるので行ってみたんです。そしたら、僕は結構早く司法試験に受かったのと比較的若作りだったからかもしれないけど、弁護士会の職員は誤解して、「今司法修習生で、今度四月に司法研修所を卒業される方ですね」って。いや、もう私八年間くらい弁護士やっているんですけどって（笑）。あまり求人はなかったんですが、少ない中からある弁護士事務所の面接を受けたら運よく採用になったんです。

運命を変えたサラ金問題との出会い

二度目の事務所に移れたのはいいけど、ここでもなかなか顧客がつかなくてね。

そんなある日、弁護士会から「サラ金事件の相談に乗ってくれないか」って連絡が来てね。ちょうどそのころ、サラ金被害者が急増し、弁護士会にサラ金被害者の相談が殺到するようになっていたんですね。サラ金の被害っていうのは、ひとりの人が複数のサラ金から、多い人は五〇社六〇社から借りてる。当時は、貸金業規制法、俗に言うサラ金規制法などの法律がなかったから、もうむちゃくちゃな取り立てが横行してたんですよ。利息も年一〇〇％くらいで貸して、「てめえ金返せ、ぶっ殺すぞ」というような取り立てを、みんなやっていたわけです。今のアコム、アイフル、武富士、プロミス、レイク、みんな当時の取り立ては今のヤミ金と同じですよ。

そういう相談が弁護士会に来るんだけれど、受ける弁護士がいない。今ならサラ金事件の処理方法が確立されていますけど、当時はどうやればいいのかやり方が分からない。それにガラの悪い連中を相手にしなきゃならないし、相談者から弁護士費用がもらえる保証もない。それでサラ金被害者の事件はたらい回しにされる。依頼者は怒りますよ、頼ってきたのになんだ！とね。

そこで、困った弁護士会の職員が、どうも宇都宮っていう暇そうなやつがいる（笑）、人も良さそうだし、八年経ってもイソ弁でウロチョロしているから、やってくれるんじゃないかって、僕にその事件を回すようになったんです。

で、他に仕事もないから受けることにした。でも僕自身も、やり方が全然分からなくてね。だからもう、直接、債務者と一緒にサラ金業者の店に行ってってね、債務者が借りてるのが五〇店舗なら五〇店舗全部まわってね、店先でチンピラみたいな従業員とやりあったり、そういうことから始めた。そしたら僕が受けてくれるということで、弁護士会もどんどんサラ金被害者の事件を回してくるようになったわけです。

支払いに分割を初めて導入——弁護士の固定概念を破壊

一九八〇年ころから私の所属している東京弁護士会でサラ金の相談窓口づくりをやりだして

から、どんどんサラ金被害者の相談が来るようになりました。サラ金苦により自殺・蒸発・夜逃げが多発しているといった状況ですからね。ひどいときは相談者が殺到してさばききれなくなり、相談希望者が予約してから二カ月後でなければ相談が受けられない状態になった。その間、サラ金の取り立てを受けているから、相談当日になると相談に来る予約者は半分以下になるんです。蒸発してしまって。相談者に対して弁護士の数が圧倒的に足りなかったんですね。

だから、弁護士会に出かけていって、他の弁護士にサラ金相談の担当になってくれと、チラシを配ったりしたんだけど、それでも全然増えないんですよ。なぜ増えないか。みんな被害者に対して同情はしているんだけど、相談に乗ってもお金がもらえないんじゃないかということを心配してたんですね。当然サラ金被害者救済もボランティアじゃやれないから弁護士費用はかかるわけですよ。

今でもそうなんですが、大抵、弁護士っていうのは、事件を請け負うときにまず着手金を一括でもらうんですよ。そうしないと動かない。仕事をしない。それで終わったら一括で報酬をもらう、というようなやり方でやっているんですね。ところが、相談に来るのはサラ金から借金するような人だから、一括で弁護士費用なんて払えないわけです。一括で払えるくらいならサラ金から金なんて借りないわけですよね。弁護士もそこを心配してた。

そこで、私がサラ金の被害者からどうやってお金をもらっているかという講演をやったんです。そうすると弁護士会館の講堂が満杯になった。立ち見が出て、当時の弁護士会館の講堂の床が抜けるんじゃないかと思うくらい、弁護士が集まったんです。

そこで私が言ったことは極めて単純なんですよ。「一括じゃなくて分割にすればいい」と。私は相談者には「サラ金、クレジットだって分割で払っているでしょ、弁護士費用だって分割でいいんですよ」って言ってると（笑）。だから、五〇〇〇円払える人は五〇〇〇円ずつ、一万円の人は一万円ずつもらえばいい。弁護士が入れば取り立ては確実に止まりますからね。二〇万円の給料の人でも、月々そのくらいは支払いができるんですよというお話をしたんです。

そうしたらね、みんな、「宇都宮先生、目からウロコが落ちました」と（笑）。でもね、そんなのは世間一般から見たら常識ですよね。弁護士ってのは一括で弁護士費用をもらうもんだという固定観念があった。それをぶち壊したら、協力してくれる弁護士が大勢出てきたんです。

それでもサラ金被害者の数の方が圧倒的に多いから、夜間の一斉相談も行いました。夕方の五時から夜の九時ころまで弁護士会館の講堂に何十人か弁護士を集めて、一回に数百人のサラ金被害者の相談に乗るということをやっていたんです。

サラ金相談は増え続けるもまさかの解雇――二度目の屈辱

私の勤めていた事務所にも、青白い顔で、目が充血して、やせ細った人、生活に疲れきった人が列をなして事務所に来るわけですよ。そういう人たちの相談をひとり受けたら五〇～六〇社のサラ金業者から、「なんだこのヤロウ、てめえが代わりに払うのか！」というような脅迫まがいの電話がじゃんじゃんかかって来る。当然イソ弁先の事務所の事務員もそういった電話を取ります。特に女性の事務員は怖がっちゃってね。

あと、だいたいボス弁は、中小企業の顧問会社を何社も持って、顧問料収入で安定的収入を得て、さらに個別事件で報酬を得て、事務所をきりもりしているんですね。だから事務所に相談に来るのは、中小企業の課長・部長、あるいは社長さんがメイン。でも僕の方に来るのは、明日にも死にそうな感じの人ばっかりですし、そういう人が来たらすぐ、サラ金数十社から電話がかかってくるでしょ。当然メイン顧客は眉をひそめる。

それで二回目の事務所でも、二、三年経ったころ、ボス弁に「宇都宮君は将来私のパートナーとしてやってもらいたいと思っているんだけれど、あの品の悪いサラ金事件から一切手を引いてくれないか。それができないんだったら辞めてくれ」と言われたわけです。ところがそのころ私も、弁護士会でサラ金相談窓口をつくって、みなさん一緒にやりましょう！　と呼びかけているしね。すでにサラ金事件から手を引けなくなっている。それでしょうがないから事務所を辞めて、独立する決心をしたんです。

だから私は結局二度のクビ、あの全人格を否定されるような屈辱感を二度も味わってるんですよ。私の知り合いに、解雇問題など労働事件専門の弁護士がいるんだけど、あんた自分がクビになったことないだろう、とよく言うんだよね。それで本当にクビを切られた人の気持ちが分かるのかってね。

3　ヤミ金とやり合う

ダメだったら田舎に帰ってみかん農家に――背水の陣で覚悟を決めた

独立した当初の事務所は、今いる銀座のビルの三階の一室、八坪くらいの部屋でした。当然顧問会社はゼロ。あるのはサラ金事件だけでしたから、僕自身、とても事務所経営が成立っていくとは思ってなかったです。

また、これまでの鳴かず飛ばずの一二年間、二度のクビ経験で自分は弁護士には向いてないんじゃないか、性に合わないんじゃないかって思ってたんです。

でもサラ金に苦しめられている人びとは日本中にごまんといる。そんな今日一日を生き延びることに必死なたくさんの人びとが、僕らの助けを待ってるわけです。彼らを助けるためには独立しかなかったんですね。

心情的にはまたしても背水の陣でした。もし今回独立してうまくやれなかったら、田舎へ帰って、実家のみかん農家を継ごうと思っていました。

いきなり銀座で独立――まずは事務員採用からつまづく

なぜ銀座に事務所を開いたか。これも奇縁というかおもしろいいきさつがあってね。事務所を開くに当たって事務員を採用しなきゃならんと。今なら新聞に募集広告を出してるんですけど、当時はそんなお金はないですからね、弁護士会に行くんです。弁護士会の控え室には弁護士事務所で働きたい人の履歴書が置いてあります。それは必ず他の弁護士の推薦が必要なんです。その履歴書は、だれでもコピーして持って帰ってよくて、好きな人と面接していいっていうんです。ああ、こういうのがあるんだって、コピーして、何人かに電話して面接したんですね。その中の一人が川口に住んでいるお嬢さんだったんですけど、喫茶店で面接したときに、「事務所が銀座なら勤めます」といわれて、えらいショックを受けましてね（笑）。

当初は、まあ下町の亀戸あたりのビルの一室を借りてやろうかと思っていたんですね。でも銀座なら勤めるって、じゃあ亀戸なら勤めてくれないのかと（笑）。理由を聞いたら、地下鉄の沿線にこだわっていた。丸の内線沿線に事務所があるのか、日比谷線なのか、銀座線なのかね、いろいろあるらしいですね、選り好みが。こっちはそんなのわかんないけど（笑）。でも事務員が来てくれないと事務所が開けないので、じゃあ銀座で探すかということで、今のビルに決めたんです。当時は銀座といっても安かったんです。八坪で坪一万円切っていましたからね。すごく狭いところだったから。

ところがそのお嬢さんにね、面接のときに、「ウチはサラ金事件専門だよ」と言ってなかったんです。まず来てもらうことが先決だったから(笑)。それでその人は来てくれることになってね、ああよかったよかったということで事務所を開設したら、前の事務所のときと同じくサラ金業者から電話がじゃんじゃんかかってくるわけですよ。サラ金業者は弁護士にだって「バカ野郎、この野郎」って罵倒するくらいだから、事務員に対しても同じかそれ以上キツいからね。

で、事務員のお嬢さんはもちろんそういう対応をしたことがないから、一日か二日でね、真っ青になって、「先生、お話があります」って。こりゃやべえなと（笑）。もっと早く言っておくべきだったなと思ったんですけど、まあしょうがないということで話を聞くと、案の定「辞めさせてください」と（笑）。どうして？　って聞いたら、「サラ金業者の電話に耐えられません」と。そこでね、もう率直に謝ってね、「ごめん、本当は採用するときに言うべきだったんだけど、ウチが扱うのはほとんどサラ金事件なんだよ」って、そこで初めて明かしたんですよ（笑）。

こっちとしては辞めてもらうと困るから、一生懸命説得してね。「あなたとしてはつらいだろうけど、こちらに電話がかかってくるっていうことは、その分、依頼者である債務者への電話が減って、債務者の救済になっているんだよ」とか、「でも、ずっと電話に出ているとたいへんでしょ、だから、疲れたら電話に出なくていいよ。近くに三越もあれば松坂屋もある、ちょっと銀ブラでもしてらっしゃい」とか。ダメ押しで、「考えてみたら給料ちょっと安いね、じゃあ上げましょう」って（笑）。そしたらその人も考え直してくれて、その後もだいぶ長く勤めてくれたんですよ。

本出版で波に乗る

ちょうど独立した年の一二月に『サラ金地獄からの脱出法』という本を出版したんです。きっかけは出版元の自由国民社の社長さんが、ぜひサラ金規制法の本を書いてくれといってきたんですね。

元々この出版社の出してる本は『債権何がなんでも回収法』とか『悪質借家人の追い出し方』とか、そういう強者の立場に立つ本が多くて、それはそれでニーズがあって売れてたんですが、新しく社長になった人は弱者の立場に立つ本も出したいんだと言ってね。

その社長さんの意気にほれ込んだという面もあるし、こっちはまだ独立したばっかりだから、少しでも収入になるならと、書くことにしたんです。これが正解でした。当時はこういう本がなくて、マスコミも好意的に紹介してくれてね。爆発的に売れちゃったんですね。

おかげで独立したばかりのころは経営が危うかったんですが、持ち直しました。弁護士費用は分割でもらってますから、事務所を経営していくためには、数をこなさなきゃならないわけですね。でも本が売れたおかげでたくさん相談が来るようになったんです。例えばひとり月に一万円でも、一〇〇人やれば、毎月一〇〇万円ずつ入ってくるわけですよ。

そもそもそういう経営の仕方は非効率だし、たいへんなんじゃないかって？　そりゃ楽じゃないですよ、決して。とにかく手数がいるしね。弁護士一人に多くの事務員が必要になるし、何かと手間隙かかる。さらに、ときには弁護士費用を踏み倒されることもあります。でも裏切られるのは覚悟の上です。だって、そういう人たちは見捨てられたら他に行くところがないわけですからね。

それでも何とかね、数をこなして贅沢を言わなきゃ、事務員に給料を払って、銀座で家賃を払ってやっていけるんですよ。

収支は今でもトントンですが、それでも十分だと思いますよ。二回クビになったことを考えたらね。当時はスケジュール帳が真っ白でしたから。手帳が仕事の予定で真っ黒になってる人はうらやましくてね。予定があるっていいなあって。それから考えると今は独立できて弁護士も六人もいるしね。夢みたいなことですよね。

事務所にドスを隠し持った取り立て屋――法律で勝負すれば恐くない

まだイソ弁でサラ金問題をやり始めたころは、やり方が分からないから被害者と一緒に実際にサラ金の店舗を五〇、六〇店回ってね。サラ金業者と直接交渉してたんですよ。でもサラ金を規制する法律がまだできてないから、やっぱり脅されたりすごまれたりで全然埒があかなくてね。

今までで一番怖かったのは年配のサラ金業者が若い暴力団風の取り立て屋を連れて事務所まで乗り込んできたときですね。事務所には他の相談者もいたので、近くの喫茶店で対応したんですが、暴力団風の取り立て屋はドスをちらつかせながら「一切手を引け、引かないんだったらおまえが全額払え」っていうんですね。

そのときは慣れてないこともあり、さすがに怖かったですが、ここでビビってナメられたら終わりだと思って「あんた方、交渉に来たのか、それともケンカしに来たのか、ケンカに来たなら話し合う余地はありません！　弁護士のケンカは裁判ですから、本件は訴訟提起します！」って他の客にも聞こえるような大声で言って店を出たんです。事務所から近かったんですが、帰る道のりが普段の何倍にも長く感じましたね。事務所から自宅に戻るときも怖かったですね。つけられてるかもしれないってね。

で、その日から毎日、夜中の二時三時に無言電話がずーっとかかってくるんですよ。電話の向こうはわいわい騒いでいるから事務所に乗り込んできたサラ金業者と取り立て屋に間違いないと。そこですぐ裁判所にそのサラ金業者を被告として債務不存在確認訴訟を提起したんですが、そのとたんに無言電話はぴたっと止まりました。

そして裁判所の文書提出命令で、サラ金業者に帳簿を全部出させた。そして利息制限法で計算すると、一五〇〜一六〇万円請求していたのが数万円で済むとわかった。被害者はそれを払って解決したんですね。

この話には後日談があって、裁判が終わった後、そのサラ金業者に裁判所の廊下で「頼みたいことがある」と話しかけられたんです。話を聞いてみたら、「先生の事務所に連れて行った若い衆が主婦を恐喝して警察に逮捕されてしまったから、その弁護をやってくれないか」ということでした。もちろん「私に頼むと弁護料は高いよ」って断りましたけどね（笑）。

当時の取り立てはこういう感じだったんです。被害者から、朝五時六時に自宅に電話がかかってくるんですよ、眠いのにね。当時は自宅の電話番号も教えてたから。で、どうしたの？って聞いたら、「サラ金の取り立てが来てて、子どもが学校に行けないし、ダンナも会社に行けないから帰るように言ってくれ」っていうの。その頃はサラ金を規制する法律ができてないからね。しょうがないから電話口に取り立てに来てるサラ金会社の社員を呼んで、「朝っぱらから何やってんだ！」とガンガンやるでしょ。するとその社員は「自分も来たくて来ているんじゃない。店長に金取ってくるまで帰るなと言われてるからしょうがなくやってるんだ。店長と話してくれ」と言うんですよ。しょうがないから、じゃあ店長の電話番号教えろって、今度は店長と話すわけです。何やってんだってね。そしたら後から取り立てに来てたサラ金会社の社員から、「先生ありがとうございました、やっと帰れました」ってお礼の電話がかかってきたこともありました。

そういうのが一日中ですよ。夜中も一一時一二時に押しかけて、眠らせないわけです。そういうときも電話がかかってきて、「夕方から取り立て屋が来て座り込んで帰らないから、何とか先生の力で帰らせてほしい」と。同じく取り立てに来てる社員を電話口に出させて、「何やってんだ」とやりあう。朝と同じことをやってたんですね（笑）。

慣れてないころは怖かったけど被害者のことを考えたら引けなかった

これまで脅迫を受けたりして怖くなって辞めようと思ったことはないかって？　やっぱり慣れてないころは怖かったですよ。でもそこで辞めようとか逃げようとかは思わなかったですね。まず当時、サラ金問題をやり始めたころは、他に仕事がなかった。スケジュール手帳は真っ白でしたから。で、サラ金をやれば少しでもお金が入ってくる。ゼロと一万円というのは無限大に違うんです。そういう、「仕事があるだけでありがたい」というのはあった。

それ以上に強かったのが、僕を頼ってくる困ってる人を助けたいという思いですね。事務所にはサラ金からお金を借りて家庭崩壊、夜逃げ、手首切ったり、睡眠薬を大量に飲んで自殺を図ったりする人たちがたくさん来てるわけです。僕らはそういう人たちのついたてになっているわけですね。後ろを見たら脅されている人がたくさんいる。背中を必死で押されているような気がしてね。僕が逃げたりこけると、サラ金業者の取り立てが全部被害者に行くでしょ。だから僕が頑張って踏ん張らなきゃならない。ここで怖いっていって引っ込んだら、そういう人たちを助けられないしね、サラ金にバカにされちゃうしね。引けませんよ。

暴力団と交渉するには

これまで暴力団を相手にしてきて、命の危険を感じたことはないかって？　あなた方は暴力団が怖いと思ってるかもしれないけど、実はそうでもないんですよ。殺すとか子供をさらうとか脅しはあるけど、だいたい口だけです。実際やったら自分たちも刑務所に入らなきゃいけないから。

昔は刑務所に入るのが暴力団の勲章だったんですが、今はほとんどが、刑務所に入るのが大嫌いなやつばかり。だから刑事告発すると、すぐ慰謝料払うって謝罪して和解を求めてくるケースが多い。

つまり今の暴力団はほとんどが経済ヤクザでね。シャバで金儲けして贅沢したいヤクザばっかりですよ。他人のことなんか考えずにね。ヤミ金で、社会的に極めて弱い立場にあるじいさんばあさんを暴力的、脅迫的取り立てで追い込んで、死に追いやってるんですよ。

これまでの経験で分かったのが、だいたい暴力団ってのは経済原理で動いてるってこと。たとえば、今人を一人殺したらだいたい無期懲役です。仮釈放で出所する場合でも一五年間くらいは服役しなければならない。二人殺したら死刑になるかもしれない。だから組のためとか団体のために人を殺すと、一五年は刑務所に入らなきゃいけない。そして一五年間はその暴力団員の家族の面倒を暴力団組織が見なきゃならないってことなんです。そうすると、だいたい二億円から三億円はかかる。そのような保障がない限り、誰も組織のために人殺しとかはやらないわけなんです。暴力団も二億、三億経費がかかっても儲けのある仕事でなければ組員に人殺しなんかやらせない。一〇億、二〇億儲かるならやるかもしれないけどね。だけどヤミ金なんて五万、一〇万ですよ、それで一五年も懲役食らえないですよ。だからだいたいが脅しなんですよね。その程度じゃやらない。そういうことが暴力団と交渉していくうちにだんだんわかってきたんです。

そうはいっても弁護士が撃たれたり刺されたりすることもあるじゃないかって？　あるにはありますが、あくまでレアケースですね。確かに僕の自宅周辺が警備対象になった時期もありますよ。あれは山口組の抗争事件のとき。山口組の組員が誤って一般市民を殺してしまった。それで被害者の遺族が当時の山口組五代目組長を相手に損害賠償請求訴訟を提起した際、その代理人になったんです。代理人の弁護士が襲撃されたらいけないからって僕の事務所と自宅周辺を警察官が警備に回ってたという時期があります。セコムにも入っていますが、今は警備はないですね。そもそも警察はあまり頼りにならないからね。

交渉する際は人の多い場所で自然体でやるのがいい

暴力団のような危ない連中と直接会って交渉せざるをえない場合は、僕の事務所などこちらのテリトリーか、外であれば喫茶店やホテルのロビーなど人の多いところで会うようにしてます。向こうの事務所に行くと監禁されたり、ブスっとやられたりするかもしれないでしょ。大勢の人がいるところでは暴力団もなかなか手を出せないからね。

そのときはできるだけ自然体でやるのがいい。相手を特別視すると、それで卑屈になったりするし、怖いのを隠すために弁護士バッチをちらつかせて威張ったりすると、相手を感情的に刺激してブスっとやられたりする。効果的な対処法は、黙って聞くことですよ。無言ほど怖いことはない。「てめえぶっ殺す！」って言われても、「あとなんか言いたいことあるの？」と言うと向こうは怖がります。そういうもんなんです。

だから私は暴力団だろうが右翼だろうが左翼だろうが、普通の一般市民と同じように接します。どのような団体であろうと、不法・不当な要求に対しては当然のことながら断固拒絶します。文句があるなら裁判やりなさいと。不服があれば、暴力団にも裁判をする権利があるわけです。ただし暴力団が暴力に訴えれば犯罪になります。その場合は断固として刑事告訴すればいいわけです。だから法律に則って交渉すれば危なくないんですよ。

一番怖いのはカルト宗教団体

暴力団よりも注意しなきゃいけないのは新興宗教やカルト宗教と呼ばれている集団です。なぜかというとね、カルト教団は信者にアルバイトさせて、例えば月二〇万円稼がせたら、一七万はお布施として吸い上げてるんですよ。信者は三万くらいで生活している。一日二食くらいで睡眠時間も削られて、ふらふらになって働いている。信仰のためにね。そういう信者が自分たちの教団に敵対する人を殺したりして刑務所に入っても、教団としては痛くもかゆくもないんですよ。信者やその家族の面倒を見るにしても、二億も三億もかからない。もともと月三万くらいで生活してる信者だから。しかも信者も敵対集団をやったら殉教者になりますからね。英雄になる。だから、カルト教団はある意味暴力団より怖い。

カルト宗教の典型的な事件がオウム真理教による坂本弁護士一家殺害事件です。坂本弁護士の奥さんが一時期、私の事務所で働いていたことがあったので非常に悲しい思いをしました。

4　多くの人を救うためには

事務所名に込められた思い――国籍をも超えた「市民」を救いたい

独立して一〇年後に事務所の名称を「東京市民法律事務所」に変更しました。その理由は、ひとつは弁護士が増えたから。私個人の名前を事務所名にしていると、他の弁護士が居心地悪く感じるかもしれないでしょ。自分はイソ弁だということでね。

もうひとつは、事務所の考え方として「市民の人たちに開かれた」という意味もあるんです。一時期、外国人の人権救済センターの議長もやったことがあるんですけど、「都民」とか「国民」にするとカバーできる範囲が限られちゃうんですよ。日本にもどんどん外国人が増えて、ボーダレスな社会になってるでしょ。外国人の人権・相談も重要だからね。都民、国民の人権だけを守るんじゃだめだってことです。そうすると外国人と日本人も包含した意味で、やっぱり市民という考え方がいいんじゃないかなと。

サラ金利用者が増え続ける理由

現在、サラ金の利用者は一〇〇〇万人を超えています。利用者が増え続けている大きな理由は、サラ金のテレビCMが朝から晩まで流れてるということですね。かわいくておもしろいようなイメージCMをバンバン流してますけど、アコム、アイフル、プロミス、レイク、武富士、あれ全部サラ金ですからね。それを気軽に利用できるように無人契約機が日本中に設置されている。どんな田舎に行っても、田んぼのなかに無人契約機があるでしょ。

だけどそういう気軽・手軽なイメージの割に金利はものすごく高い。今、クレジットカードは二億六〇〇〇万枚くらい発行されてるんだけど、これまではだいたい年利二五％から二九・二％で貸し付けていたわけですね。普通預金が年〇・〇〇一％のところで。

だからサラ金とかクレジット会社で二、三社借りると、もう若い人は返済できなくなる。すると業者は厳しい督促をやりますからね。それですぐに行き詰って、別の業者から借りて返済に充てる。自転車操業ですね。だいたい二〇〇万人を超える人が行き詰っているとみています。

三〇万が一三〇〇万円になった二七歳高校教師、一〇八社から一億三〇〇〇万借りた五一歳部長

そういう人は特殊な人だと思うかもしれませんが、みんなごく普通の人なんですよ。例えばですね、二七歳の高校の先生。五年前にふとしたことでサラ金から三〇万借りたんですが、気が付いたら一三〇〇万を超えていた。二一社から一三七二万円借りているんですよ。このくらい借りると、月にだいたい七〇万から八〇万を支払わなきゃいけない。払わないと毎月、督促が勤務先と自宅に来ます。実際、業者から職員室にばんばん脅迫電話がかかってきた。そうい

うのが勤務先に何回も来るとね、解雇の対象になるんですよ。リストラね。取り立てを防ぐためには、返済しなきゃならないから、他のサラ金、あるいはクレジットカードから借りる。そうしてだんだん、雪だるま式にふくれあがってくる。

当然、月給ではとても払えなくなる。だいたいサラ金から年利二九・二％で二〇〇万円を借りると、月々の金利だけで四万八六六六円かかる。これを払い続けても永久に元本の二〇〇万は減りませんから、三年で返そうと思ったら、毎月八万四〇〇〇円払わなきゃならない。地方から出てきた普通の若いサラリーマンは、だいたい月給は手取り二〇万程度。東京でアパートマンション借りてると、五、六万の家賃がかかって、生活費が一〇万くらい。そうすると返済できるのは四万くらいがせいいっぱい。金利すら払えない。金利を払うために他のサラ金からお金を借りたら、一カ月後には二〇四万八六六六円に元本がふくれあがる。三年で四七五万、六年で一一二九万になる。だからこの場合、多重債務者は、実際自分が借りたのは一割くらい。あとは全部金利でふくれる。

若者だけじゃありません。一〇八社から一億三〇〇〇万を借りたサラリーマンもいます。五一歳、高校生の子どもがいる、一部上場企業の部長です。ひと月にどれくらい返済してきたかというと、七〇〇万から八〇〇万です。それを払わないと、会社まで電話がかかってきます。一〇八社からね。クビになったら困ります。息子はまだ高校生、住宅ローンも払わなきゃならない。

その人は、一四、五年間自転車操業を続けてきたわけ。原因は、バブル崩壊の時の株取引の失敗です。そこに借金の火種が残って、それを払うために自転車操業。それで一〇八社になった。一〇八社に振り込むだけでもたいへんな手間なんです。一回振り込んでも一カ月後にまた七〇〇万、八〇〇万円を用意しなきゃならないから、神田のサラ金街を回って、次から次へと借りていくわけですね。そのとき何を考えていたかというと、もう一回バブルが来たら大儲けして返そうと思ったって。だけどバブルは来ませんでした。この例は極端だけど、似たような人がたくさんいるんですね。

宇都宮弁護士の名前をかたった振り込め詐欺も

一時期、私の名前をかたったダイレクトメールが出回ったことがありましてね。（ハガキを出しながら）それはこのハガキなんですね。これはね、振り込め詐欺の可能性がある。ハガキには、「ヤミ金の取り立てに困ってる人は、助けてやるからここに連絡しろ」と書いてある。連絡したら、「取り立てを止めて借金もチャラにしてやるから金を振り込め」って言われるんですね。あるいは提携弁護士っていって悪徳弁護士のグループがあるからそこを紹介してる可能性があります。そういうことをして、お金を騙し取るような集団ですね。

ＤＭに記載されている弁護士の登録番号は僕の番号と同じ。文章や経歴は僕の書いた本の抜粋。顔写真はインターネットから取ってる。ここのへんまでは流用でね、まともなことが書いである。手の込んだ印刷ですよね。でも電話番号だけ違う。僕がこの電話番号に電話したら、「はい、こちら宇都宮健児法律事務所です」って出た。「宇都宮先生出して」って言ったら、「今、裁判所に行っています」って言うから、「俺が宇都宮だ！」って（笑）。

このＤＭは日本中のヤミ金の被害者や多重債務者に郵送されてます。これなんか鹿児島とか北海道だしね。こういうのが一週間で四二〇通くらい僕の事務所に届いた。なぜかというと、転居先不明で帰ってきたんですよ。だから届いているのも含めたらおそらく数万通は出されてますね。でも通常、弁護士からヤミ金の被害者や多重債務者に直接ＤＭを出すなんてことは絶対にありえないから注意してほしいですね。

生活苦による自殺は年間八〇〇〇人――多重債務者の多くがホームレスに

だいたい、今、日本では経済・生活苦で年間八〇〇〇人が自殺してるんです。日本は自殺大国、ロシアの次。今、交通事故の死亡者が七〇〇〇人をきっていますから、それより多い。夜逃げも年間一〇数万人がしてる。そのうちの多くがホームレスになる。

夜逃げするときに住民票を移動したらサラ金業者にすぐ居場所がわかっちゃうんです。住民基本台帳法によって、債権者であれば住民票を閲覧・取り寄せができますから。だから夜逃げするとき、住民票も一緒に移動しちゃうと、逃げた意味がない。

以前、『夜逃げ屋本舗』という映画の法律監修を頼まれてやったことがあるんだけど、悪質金融業者に取り立てを受けて困っている人を中村雅俊さんが扮する夜逃げ屋がトラックで逃がしてあげて、ああよかったねというところで映画は終わる。ところが人生はまだその先があるわけ。今から新天地で仕事を探さなきゃならない、子どもは学校に行かなきゃならない、するとすぐ住民票を動かさければならない。するとすぐまた取り立てがくる。逃げた意味がない。

武富士の元社員から話を聞いたところ、武富士では管理部門の人間が、夜逃げした債務者の住民票の移動のチェックを最低一カ月に一回はやっている。それを五年、一〇年経っても続けているということです。だから住民票を移動すればすぐ見つかっちゃう。ということは、夜逃げしてる一〇数万人は住民票を移動しないで逃げていることになる。したがって、なかなか定職に就けない。アルバイトとかパートとか、あるいは日雇い仕事とか、不安定な仕事にしか就けない。小学校中学校の子どもがいる場合は、正式入学できません。

住民票がないと一番困るのは、健康保険に入れないってことです。事故とかケガをした場合は治療費は全額自己負担になりますから、重いケガとか病気をしたときほど、病院に行けない。そういう、精神的にも肉体的にもズタズタになった人がホームレスになる。今、国内のホームレスは二万五〇〇〇人。四七都道府県、ホームレスゼロのところはないんですよ。

でも、夜逃げしなくても解決する方法はいろいろある。自己破産とかね。しかも、五年以上逃げたら時効になるんですけど、そういうことを知らない人が多すぎるんですよ。

ホームレス支援にも力を注ぐ

昨年の一二月に新宿の中央公園で二人の四〇歳代のホームレスの相談を受けたんですね。その人は神戸から逃げてきている。生まれが熊本で、結婚して神戸に住んでいた。震災の被害にもあっているんですけど、サラ金の返済が滞って取り立てを受ける。それからサラ金会社から裁判を起こされて家財道具を差し押さえされて。それがきっかけで奥さんと離別しちゃった。そして仕事も失って路上生活になる。それで東京へ逃げてきている。だけどサラ金業者の取り立ての怖さとか不安があって、いまだにアパートに移ったらサラ金業者の取り立てを受けるものだと思っている。実際住民票移したらそうなるんですが。

仕事がなくてお金に困っている人は、生活保護を受けられるかどうかが重要なんですよ。ところがホームレスの場合、住所がないということで、生活保護を認められてないんですよ。ところが、住所を求めてアパートへ移ったら取り立てが来るから移らない。でも実際は、住所がないからって生活保護を認めてはならないとは、法律には書いてないんですよ。憲法二五条は健康で文化的な最低限度の生活を営む権利を認めています。最近、大阪の地方裁判所がね、公園を住所にしていいっていう判決を出したんだけど、これが認められればホームレスが生活保護を受けられる助けになるかもしれませんね。

いずれにしても、日本が先進国で経済大国といっても、二万五〇〇〇人ものホームレスが存在するのが現実だと。事務所へ電車で通勤する途中で隅田川を通るんですが、川岸にずらっとホームレスの青いビニールシートが見える。ここ数年全然数が減らないんですよね。

サラ金問題は必ず解決できる

こんなふうにサラ金で苦しんでいる人がたくさんいるのに、自己破産のこととか、利息制限法のこととか、どこに相談すればいいのかとか、全く教えてないのが日本の現状なんです。

サラ金問題は必ず解決できるんですよ。弁護士とか司法書士に債務整理を依頼して、介入通知を出してもらえばサラ金業者の取り立てを止めることができます。債務整理の方法としては、債務者の収入や財産状態、負債額などに応じて、任意整理、特定調停、個人再生、自己破産などいろいろな方法があります。お金が払えない場合は、日本司法支援センター（法テラス）に相談すれば、弁護士費用を立て替えてくれますしね。

それから、ちゃんとした会社に勤めれば、すぐサラ金にわかっちゃうんじゃないかと思ってる人が多い。でもね、住民票の移動はわかるけど、勤務先は調べられないんです。興信所などを使わないとね。そうすると何十万もかかるから、サラ金業者もわずかなお金を回収するのにそこまではやらないです。

そういう知識とか情報とかを、全く与えられないままに社会に出てる人が圧倒的に多い。今の学校じゃまず教えないでしょ。自分を守る方法を教えない。また、それを教えるべき先生に、多重債務者が多いからね。だからサラ金被害者を増やさないようにするには、そういう教育システムを抜本的に改革する必要があります。

目の前の人を助けるだけじゃ不十分——法律改正で仕組みそのものを変える

多重債務者が二〇〇万人いても弁護士の事務所にきてるのが、そのうちの一割、一〇人いたら一人しかたどり着いていない。残りの九人はたどり着いていないから、夜逃げしたり自殺したり、なかには犯罪を犯す人もいるわけですよね。

それを考えると、弁護士ってのは、目の前に来た人だけを助けるんじゃ不十分なんですよ。背後にいる何十万人、何百万の人を考えなきゃいけない。そういう人たちを救済するためには、クレジット・サラ金・商工ローンの高金利を引き下げるための政策提案や立法提案、あるいは生活保護制度の見直しの提案など、そういうことをやらないとダメなんですよ。

五菱会のヤミ金融事件では国を相手に戦う

今は山口組系五菱会のヤミ金融問題で法改正に取り組んでいます。現在の法律ではヤミ金が不法に儲けた巨額のお金が、被害者に返らないんですね。それどころか、国がぶん取っちゃうというとんでもないことになってる。

「ヤミ金の帝王」梶山進率いる五菱会系ヤミ金融グループが儲けた金の一部、国内に隠していた三億三〇〇〇万円は、摘発後、東京地検が押収しました。そのお金は東京地裁が被害財産と認めたんですが、現行の組織犯罪処罰法では被害財産の没収判決ができないんです。没収できないということは、刑事裁判が終わったら、被告に返される可能性がある。そうするとまた暴力団の資金になる。

それを阻止するためには、ヤミ金被害者が損害賠償請求を起こしてそれを差し押さえるしかないので、われわれ弁護士が被害者の代理人となって裁判を起こしたんです。

裁判をやるためにはたいへんな費用がかかります。今回、五菱会系ヤミ金融グループから押収した三億三〇〇〇万円を再びヤミ金融グループに戻るのを阻止するための仮差し押えの保証金が三三〇〇万円。もちろんヤミ金被害者が用立てられないから、法律扶助協会（現日本司法支援センター）から借りて、仮差し押さえをしたんですね。

ところが、東京国税局がそのうちの一億円を税金の滞納を理由に差し押さえていたことが判明したんです。私たちは、それはひどいじゃないかということで、東京地検に、国税庁に金を渡さないように頼んだし、国税庁にも差し押さえを解除するように要請しました。それでも持っていかれそうだったので、直接国税庁に出向きました。向こうも人間ですから、担当者とじかに顔を突き合わせて話せば分かってくれるかもしれないと思ったんですが、甘かった。結局、一億円は税金としてもって行かれてしまいました。

なんで被害者に返すべきお金を国が税金として持ってくんだと。被害者が裁判やって取り返そうとしているのに、税金で国庫に入れちゃうっていう抜け道みたいなことをやっているんですよね。これはおかしいです。やっぱり被害財産は被害者に返されるべきですよね。

損害賠償請求訴訟も起こした

昨年秋以降、五菱会系ヤミ金融グループ幹部の梶山被告や奥野被告に対し、総額三億五〇〇〇万円の損害賠償を求めて集団訴訟を提起しています。その裁判は今も続けられてますから、判決を取った上で、もう一回国税局と交渉しなければと思ってます。日本の役所、特に税務署ってのは厳しいんですよ、取ったら絶対返さないから。

集団訴訟を起こすのもたいへんなんですよ。加害者を訴えるためには被害者を特定しなきゃなんない。しかもトップの幹部である梶山被告や奥野被告が直接お金を貸して取り立てをやってるわけじゃないんです。取り立てをやってるのは、末端の店舗の従業員なんですね。そういう店舗が一〇〇〇くらいあるんですがこれを全部調べて被害者を特定しないといけない。

その店舗リストは捜査当局が持ってるわけです。つまり、被害者たちが借りていた店舗が、全部梶山被告の支配下のヤミ金だってことを立証するには、刑事記録を入手しなきゃならない。そういうのが非常にたいへんなんですね。

さらに、原告になるってことは、自分の住所氏名を全部相手方である暴力団にさらすってことなんですね。原告はみんなヤミ金会社から暴力的・脅迫的な取り立てを受けて、たいへん怖い思いをしている。だから中には暴力団の報復を恐れてなかなか原告になりたがらない被害者もいるわけです。

被害者に追い風

こんなふうに、現状では国が横取りしたり、暴力団への恐怖などで、被害者になかなか被害財産が返りにくい状況にあります。だから、被害者にちゃんとお金が返ってくるような法律を今つくろうとしてるんです。

それが今の通常国会に出された組織犯罪処罰法の改正法案です。被害財産を国がいったん没収することにして、被害者が国に届ければ被害金額に応じて没収した金額を配当するというものですから、被害者は暴力団に名前を知られなくてもいいし、そもそも現在やってるような困難な裁判をやらなくてもいいですからね。同時にそこで国税局の抜け駆けは許さんというような措置を取る必要があります。

それから、梶山被告がスイスの金融機関、「クレディ・スイス」に隠した五一億円、これも被害金額に応じて被害者が配当を受けられる可能性も出てきました。だから今、ヤミ金被害者にとっては追い風が吹いているわけです。

被害者救済のための法律が最近成立しそうなのは、これまで山口組五菱会系ヤミ金融グループの幹部を相手とする裁判をやってきたからなんだね。逆に言うと、これまでは全く不合理なことが行われていたということだね。

5　働くことに意味などなくていい

日本をアメリカと同じにしてはならない――金利引き下げ運動に尽力

今後の目標はね、この日本から高利貸しをなくすこと。とにかく借金のために夜逃げしたり自殺したりするような人が出てるのは、最低の社会だってことだな。

今、日本は格差拡大社会といわれていますよね。貯蓄ゼロの世帯が二三%も存在する。生活保護を受けてるのは約一〇〇万世帯。そういう貯蓄のない家庭で、子どもが病気したり、進学のためにお金が必要になったら、頼るべきところは高利貸しのサラ金とかヤミ金しかない。実際にサラ金にお金を借りに行く人のほとんどは、生活費が足らなくてどうしようもなくなって行くんですね。一般に言われてるようなギャンブルや遊興費のための借り入れなどは極めて少ない。僕はよく高校にも講演に行っているんだけど、授業料が払えなくて学校に来れなくなっている子がたくさん出てきている。

アメリカなんかはもっとひどいですよね。アメリカ社会ってのは年数百%の金利が合法化されちゃってるんですよ。だから年間二〇〇万人もの人が自己破産している。アメリカはどんどん貧富の差が激しくなってますよね。特に貧困化が進んでいて象徴的なのは、カトリーナ被害にあったニューオーリンズ。発展途上国並みです。対外的には世界一の強国かもしれないけど、アメリカ国内には三人家族で年収二一〇万円以下の貧困層が三〇〇〇万人以上いるんですね。とんでもない社会ですよ。一方、金持ちはめちゃくちゃ金を持ってる。その格差がすごい。

日本の社会をそうはしたくないから我々は金利の引き下げ運動をしているわけです。これまでも我々の運動で、一九八三年当時、年一〇九・五％だった出資法の上限金利が、年二九・二％まで下げられてきているんです。でもまだまだ高い。利息制限法で決められている制限金利の年一五〜二〇％までただちに下げるべきです。今年中に金利規制の見直しがなされることになっています。でもヨーロッパ諸国にはまだ全然及ばない。ドイツやフランスでは金利の制限を厳しくしているから、サラ金やヤミ金が存在しないわけですよ。銀行が低い金利で貸すからね。日本もそういうやさしい社会にしなきゃいけないですよね。銀行が一般庶民に低い金利でお金を貸さない、いわゆる貸し渋りも多重債務者急増の一因ですからね。

サラ金からお金を貸りる人をこれ以上増やさないという意味では、昼夜問わずバンバン流れているクレジット・サラ金のテレビＣＭも規制するべきだと思います。利息制限法に違反する金利で貸し付けている企業のＣＭは一切流さないようにするべきです。莫大な広告費が重要な収入源になっているとはいえ、マスコミ側の対応も問われますよね。

一番頭にくるのは政治家、行政、警察

本来、こういうことは国や自治体などの行政機関がやるべきだけど、日本の行政というのは、

ホームレス問題や多重債務者問題に真剣に取り組んでいない。政治家ももちろんそんなこと考えてない。票にならないから。

暴力団やヤミ金を放置して取締りをしない警察とか、あるいはホームレス問題や多重債務問題に取り組もうとしない政治家や官僚。そういう人びとがエリートだと言って、のうのうとのさばっていることに対して、僕は一番頭にきますね。強気を挫き、弱きを助けるのが政治家や官僚の役割でしょ？　何のために政治家や官僚をやっているのかってすごく頭にくる。誤解を恐れずに言えば、暴力団やヤミ金などは自分が食わんがために厳しい取り立てをやっている。当然許されることじゃないんだけど、立場を考えたらある意味しょうがないという見方もできる。

しかしながら、国民の代表として真っ先に多重債務問題やホームレス問題に取り組むべき国会議員がこのような問題に無関心であったり、冷淡であるのは許せない。

だから我々がキャラバンなんかやって、サラ金会社のまえでがなりたてたり、ビラをまいて宣伝したり、国会に押しかけたりしているんですね。もっとも、そういったことでストレス解消してる面もあるんですがね（笑）。サラ金会社の前でがなりたてると気持ちがいいです。毎日毎日事務所でサラ金会社とネチネチ交渉したりしてるとね、やっぱりストレスたまるんですよ。

とにかくたかが借金のことで死んだりしなくてもいい社会にする。それが僕の目標です。

金がすべての社会ではダメ――しかし社会的情勢は有利に

今の日本はね、金を儲ければ何やってもいいという考え方が主流で、非常に堕落しきってますよね。そのひとつが、ヤミ金・サラ金・商工ローンのような高利貸しの横行ですよ。金を転がして暴利をむさぼるね。でも最近、光明も見えつつある。

最近、最高裁判所がサラ金や商工ローンの貸出金利である、グレーゾーン金利を否定する判決を立て続けに出してるんです。利息制限法の制限金利である年一五～二〇％以上の高利はもう認めんと。そうやって、最近の司法の流れは、借り手、債務者保護をかなり鮮明にしてきてるんです。その結果、過払い金の返還請求がどんどん認められているんですね。

また、昨年末から、耐震構造の偽造問題とかライブドア問題とかBSE問題とかでね、政府がこれまで進めてきた規制緩和政策の矛盾が露呈してきているでしょ。何でもかんでも規制緩和でいいのか、国民の安全、安心はどうするのかと。規制緩和万能主義や市場原理主義だけでは、日本の社会はダメになるんじゃないかということを、言いやすい状況にはなってる。

中でも東京地検特捜部のライブドアの捜査なんかはいい例ですね。これをやらないと、ずっとあんなのがまかり通ってたでしょ。ライブドアなんて、ほとんど企業としての実体がないわけです。いちばんの収入源は金貸しなんですよ。ロイヤル信販っていう高利貸し業。

東京地検特捜部が動いたのは、汗水たらして働いている人がバカを見る社会にしてはいけないと。そこをないがしろにされるような危うさがある時代ですよね、今は。だからそれで少し、頭を冷やして、何が大切なのかを考えようと。それは当たり前のことですよ。

政治家に金をばら撒くサラ金業界

金貸しがいかに儲かるかっていうのは、アメリカのフォーブス誌が昨年六月に発表した「日本の富豪四〇人」を見れば分かる。ほとんど上位は金貸しです。ベストテンの中で、二位がアイフル社長、三位が武富士前会長、五位がアコム会長なんですね。六位、七位はパチンコ屋。ホリエモンが四〇位ですよ。ソフトバンク社長の孫さんが九位ですから、サラ金はＩＴ企業よりはるかに儲けてるわけです。なのにもっと儲けたいと思ってるわけですよ。

サラ金業界は、政治家に金をばら撒いて、出資法の上限金利を年二九・二％から年四〇・〇〇四％へ引き上げる、みなし弁済規定の要件を緩和して、グレーゾーン金利を確実に取れるようにする、ということを当面の運動目標とするとともに、将来的には金利規制を撤廃し、金利を自由化させようとしてるんです。金利規制が撤廃され、金利が自由化されれば、年数百％、数千％のヤミ金も合法化されることになる。だから、サラ金から金もらってる議員がものすごく多い。サラ金業界寄りの国会議員が多い自民党はもちろん、野党の民主党も含めてね。だから昨年の衆院選で自民党が圧勝しちゃったんでね、状況は非常に厳しいかなと思ってたんですがね。

僕たちは世論に訴えてクレジット、サラ金、商工ローンの高金利の引き下げを実現するために、金利引き下げ一〇〇万人署名運動に取り組んだり、地方議会に対し金利引き下げ決議を求める請願運動を行ってるんです。

だから僕は、まずクレジット、サラ金、商工ローン業者ににらまれてて、さらに、ヤミ金、暴力団、オウムとか統一教会などのカルト宗教団体、整理屋とか整理屋と提携する悪徳弁護士とか、もう各方面に敵がいっぱいなんですよ（笑）。

圧力ばかりではなく誘惑も多い――しかし絶対に応じない

それだけ敵が多かったら圧力や脅迫も多いだろうって？　これまでヤミ金業者が僕の事務所に「ヤミ金を代表して宇都宮を殺してやる！」という電話かけてきたり、右翼団体の大物から「悪徳弁護士・宇都宮の責任を追及する」という電話がかかってきたり、整理屋グループから僕を誹謗中傷する文書を撒き散らされたりしたことがありますが、圧力や脅迫といってもその程度のことです。まだ銃弾を撃ち込まれたり、直接暴力を振るわれるといったような実力行使をされたことはありません。

僕は一九九九年一〇月に「腎臓売れ、肝臓売れ、目ん玉売れ」という取り立てをした商工ローン業者の日栄（現ロプロ）の元社員を恐喝未遂罪で警視庁に刑事告発したり、二〇〇三年六月に武富士の武井保雄元会長を電気通信事業法違反（盗聴）で東京地検に刑事告発しているのですが、このときも特に圧力や脅迫は受けていません。

圧力や脅迫とは別に、誘惑や懐柔などの働きかけを受ける場合もあります。財務省（旧大蔵省）の幹部となった東大の同級生や企業の顧問をしている弁護士などから大手サラ金会社や商工ローン会社社長がぜひ会いたいと言っている、会ってみないかというような話が来ますが、すべて断わっています。会うようなことは絶対にしない。

なぜかというと、大手サラ金会社の社長のような人間は苦労して叩き上げられてるから、個人的に会えば魅力的なところもあるかもしれない。全部が全部悪人じゃないですから。だから会えば情が移るかもしれない。そうなるとサラ金や商工ローンの責任を追及する矛先が鈍ることになる。だから会わない。会うこと自体が問題なんですね。

それから、銀行の顧問をやってくれないかという話もありますが、これも全部断っています。僕は借りてる方の味方だからね。多重債務者の中には銀行から借りている人もいるわけだから。またほとんどのメガバンクがサラ金・クレジット会社と手を組んでるでしょ。

僕は借りてる側の味方――流儀に反する仕事はしない

それから、豊田商事事件では中坊公平さんと一緒に仕事をしたんですけど、日弁連の会長を務めた後、中坊さんは住専管理機構の社長になりましたよね。住専管理機構って何かというと、住宅金融専門会社の不良債権の回収機構ですよ。今は整理回収機構になってる。当時、マスコミはかなり持ち上げたんです。僕は銀行の不良債権を取り返す組織を何でそんなに持ち上げるんだろうと思ったんですけど。マスコミで取り上げるべきは、豊田商事事件や森永砒素ミルク事件や豊島のゴミ問題とかだろうと。

そのとき中坊さんから住専管理機構の仕事を手伝ってほしいと言われたんですけど、断りました。取り立てる組織の手伝いは僕にはできなかったんです。それはもちろん流儀に反するからね。

弱者を守ることが弁護士の使命

こんなふうにサラ金で苦しんでいる人がたくさんいるのに、自己破産のこととか、利息制限法のこととか、どこに相談すればいいのかとか、全く教えてないのが日本の現状なんです。

本来、弁護士っていうのは、弱者を守るために存在しているんですね。弁護士法の第一条に、「弁護士の使命は基本的人権の擁護と社会正義の実現」っていうのがあるんですけど、この「人権」ってのは、強者とか裕福な人は自分で守れるんです。自分の権利を自分で守れない人びとの多くは社会的・経済的弱者でしょ。だから弁護士は、彼らの味方にならなきゃいけない。そういう人びとの声を代弁することが、弁護士の使命なんです。

だけど、なんのために弁護士をやってるか、そこを履き違えている弁護士が多すぎる。サラ金会社の顧問やったりね。ある弁護士なんて、一七六社も顧問やってね、顧問料月二〇万以下のところは受けないとか豪語したりね、豊田商事みたいな悪いことやってる会社の顧問をやって、月五〇〇万くらい顧問料もらっていた弁護士もいたね。でもそんな連中は弁護士とは言えないね。

弁護士だから別荘を持たなきゃならない、高収入で当たり前とか、そんなのとんでもないことなんだね。そういう弁護士が多くなったら困りますよね。

だから弁護士で金儲けてるのは、問題がある弁護士が多い。本来、弁護士とはあまり儲からない仕事なんです。よくテレビに出ている弁護士がいますが、あれが弁護士の典型と思ったら大間違いなんですよ。

仕事そのものが社会性を帯びている

弁護士という職業のいい点は、仕事そのものが社会性を帯びてるってことですね。普通の企業の人は、僕がやっているような社会的活動をしようと思ったら、通常の仕事以外の時間帯でやるしかない。その点、弁護士は、多重債務問題、豊田商事事件、ＫＫＣ事件、オレンジ共済事件などの消費者被害の救済をやることが、事務所経営＝生活に直結してるんです。もちろんお金はたくさんもらえないけど。

だから今から思えば、すごく、弁護士になってよかったと。あのとき、田舎へ帰ってみかん農家を継がなくて、弁護士を続けとってよかったなと思います。すごくやりがいがある仕事だなと。今はね、やっとってよかったなと思います。

人の命がかかっている事件――被害者からのお礼の手紙が励みに

仕事のやりがいを感じるとき？　当時も今もそうですけど、いろんな弁護士が取り扱う事件でね、生死がかかってるのは、そんなにないんですよ。ところが、サラ金、ヤミ金、商工ローンなどの取り立て問題は、一家心中とか夜逃げとか、ざらにあるんです。僕ら弁護士が介入することで、夜逃げをせずにすんだり、自殺を思いとどまったりする、そういう事件なんですね。

多重債務者の依頼者から「先生のおかげで、初めて子どもたちと静かに夕飯を食べられました」とか「家族みんなで穏やかな新年を迎えることができました」っていう手紙や年賀状を受け取ることがありますが、このようなことが仕事のやりがい、励みになってますね。

また、僕のこういった活動に対して応援してくれたり、期待してくれている人がいることもやりがいにつながってます。「頑張ってください」といったメッセージを頂くととても励みになりますね。その数が多くなくてもいい、たった一人でもそういう人がいたらすごく励まされるんですよ。だからこういったインタビューとか、講演とかお呼びがかかればどこでも行きます。講演には高校とかホームレス支援のＮＰＯ団体とか、最近は労働組合も多いし、地方自治体の消費者センターとかにも行ってます。

最近はマスコミからの取材も多く、先日ＮＨＫの『プロフェショナル』という番組に出たんですが、その直後からパニック状態になってます。問い合わせが多くて。あれから毎日、事務所の六本の電話がほとんど埋まっている。その相談も、ヤミ金の問題もそうだけど、人生相談的なものも殺到してます。例えば進路問題とか相続問題とか、いろんな精神的な悩みとかですね。「先生、助けてください」っていう手紙がたくさんきてるんですね。本当は回答を書かなきゃならないんですけどね、今忙しくて全部には回答できないんですよ。それから、宇都宮という同姓の弁護士が他にもいて、間違って手紙や電話が行ってるみたいなんです。向こうにしてみれば迷惑な話ですけどね（笑）。

また、自分の会社の顧問弁護士になってくれっていう依頼も来てますけど、それは受けないです。例えばエステの会社とかね。トラブルがあれば僕は利用者側・消費者側に立つ弁護士ですからね。また、そこまでやらなくても、今は食ってはいけますからね。

あとね、北海道の知床半島の羅臼の魚屋さんから、「テレビ見て感動したからカニを送りたい」ってFAXが送られてきました。もちろん気持ちだけありがたくいただきますってお断りしましたけどね（笑）。

人間は他人のために頑張れる——相談者は他人事とは思えない

こういう仕事をずっとやってくうちにですね、「人間っていうのは、他人のために頑張れる側面がある」ってことに気がつきましたね。人間って、他人のためになにかをしてあげることに喜びを感じる生き物というか、非常にすがすがしい気持ちになるんですね。金をたくさんもらって悪いことをするより、金がなくてもいいことをやる方が、精神的には楽ですね。

頼ってくるサラ金被害者も他人事とは思えないんですね。ウチのいとこやはとこも中卒で集団就職してるし、農家の人はね、出稼ぎをよくやってたわけですよね。司法試験に受かった直後に一カ月ほど山谷のドヤ街に住んでいたこともあるんですが、地方から出てきて出稼ぎやって田舎に仕送りしてる人がたくさんいるわけです。そういう人が一部多重債務者になってる。だから、自分の親父みたいな人が相談に来るわけですよね。どうしても助けたいと思いますよね。

でも自分のためには強いことは言えないんですよね。僕は弁護士になってしばらく、賃貸マンションに住んでたんですけど、そのときに大家さんの子どもが結婚するから出て行ってくれと言われたんですね。普通ならですね、明け渡しの正当理由がなければ法律的には出て行かなくていいんですよ。だけどそんなこと言えないですね。人のためなら平気で言えるんですが。で、「大家さん、長い間お世話になりました」と、素直に出て行って（笑）、今の中古のマンション買ってすぐに引っ越しましたけどね。

行きがかり上始めたのがよかった――一二年間のイソ弁時代が貴重

とにかく弁護士としては、目の前の人を助けてればいいというんじゃなくて、社会全体の仕組みを変えるというようなことをやらなければならないんですよ。個人の力には限界があるし、もっと多くの人を助けることができるでしょ？　そういうことを誰かがやらなければならない。政治家も官僚もあてにならないから、我々弁護士がやるしかない。ただそれだけのことです。

今思えば、サラ金問題も行きがかり上やり始めたというのがよかったと思いますね。最初から気合を込めて「人のため、正義のため」なんてじゃなくて、長らく仕事がなくて苦しい、喫茶店に入ってね、マンガばっかり読んでた。スケジュール帳はまっ白、やることがない。食いブチがなくて、やむにやまれず弁護士会に相談に行ったらサラ金事件にめぐりあった。頼りにしてくれる人がいて、感謝されてやりがいある。それはまさに、大学のときに自分がやれたらいいなと思っていた事件だったんですね。やりがいのある事件に初めて出会った。それで何とか飯を食っていけると。

今から思えば、二つの事務所でイソ弁やってた一二年間というのは極めて貴重な体験でしたね。もし最初から大きな法律事務所に入って、商売上手で順調に五、六年で独立していたら、サラ金事件はやらなかったと思うんですね。僕が落ちこぼれ弁護士だったからこそサラ金事件に出会えた。

それから、出会うタイミングもよかった。最初にサラ金問題をやったから注目されたという面はありますね。サラ金事件に出会うのがもうちょっと遅れてたらどうなっていたかわかんない。一番最初にやったから注目された。またちょうどいいときに本を書かないかという話がきた。その本が爆発的に売れたから資金的にも助かったし、サラ金被害者が相談に来るようになった。

それがなかったら、独立してもすぐに経営が立ち行かなくなったでしょうしね。だからタイミングとか、運とか、いろんな人との出会いとか、そういう偶然ってのは重要な要素だなと思うね。

確実にいえるのは、サラ金事件との出会いが、かなり僕の弁護士人生を変えてきたということですね。それ以来弁護士を辞めたいと思ったこともないですね。いずれ身体が動かなくなったら辞めざるをえないでしょうけどね。

プロ意識なんてないし天職だとも思っていない

ＮＨＫの番組に出たときに、「プロフェッショナルっていうのを一言で言ってください」っていわれて、なんか最後きれいにまとめようとしてるなと思ったんだけど（笑）、自分がプロだと思ったことはないんですよね。弁護士の資格をもつ者として、自分は弁護士だと思ってるってだけですね。弁護士という職業を選んでいるということはあるけれども、プロという意識はないってことだね。

じゃあ今の仕事を天職だと思うかって？　いや、それもないですね。ただ、今やってるような仕事は、僕に合ってるんじゃないかとは思いますね。

じゃあ何のために働くかって？　仕事は、まずは自分が生きてくためにしなきゃならないですよね。それから、家族を養うため。ただ、そういうのも冷静にみればみんな社会的につながってるんですよね。

でも、僕はそもそも働くことに意味なんてなくてもいいと思うんです。とにかく人に迷惑をかけないで、一生懸命働いて、自分が生活できて家族を養えられれば、それだけでとても立派なことなんですよ。プラス、少しでも社会の役に立つ、そういうことができれば上出来だと思うんですね。

日本を支えているのは名もなき大多数の人間

例えば僕の親父は名もない人間だけどね、青春時代を戦争ですごして、戦後は家に帰って、家族を養うために、四〇歳になってから開拓に入って黙々と山切り開いて、今みかん農家をやってるんですね。今年九〇歳になるんですが、まだ元気でトラックぶっ飛ばしてます。そんな親のおかげで僕は大学まで行けたし、弁護士にもなれた。そういう親父のような人間、生き方こそが尊重されなきゃならないと思うんです。

僕が東大に入ったときは東京の日比谷高校とか麻布とか開成出身の生徒が多くて、田舎から来た人はみんな、自分の家が農家出身だとか漁師だということにコンプレックスを感じている学生が多かった。でも僕は自分の家は農家だと堂々と言った。なぜかというと、田舎にいたら、芋つくりがうまい、麦つくりがうまい、スイカつくりがうまい、あるいは魚釣りがうまい、というのがたいへん名誉なこと、誇りなんですよ。あるいは海では速く泳げるなんて全然自慢にならなくて、それよりも海に深く長く潜って、タコやサザエを獲れることの方が重要なんですね。

僕の親父は魚釣りや芋作りが上手だと皆から褒められていた。僕はそんな親父をとても誇りに思っていたので、農家出身であることに全くコンプレックスを感じなかった。

だから農業や漁業を一生懸命やってる人が軽視されるような世の中ではダメなんですね。そういう人たちのおかげで我々は飯を食えてね、魚食べて生きていられるわけだからね。別に年に何十億も稼げる人間が偉いわけでもなんでもないんですよ。そこのところを、今の日本人は履き違えてるんじゃないかと思うんですね。

圧倒的多数の一般の人は、「功なり名を遂げるために」じゃなくて、黙々と働いている人なんですよ。そういう一人ひとりの名もない人間がいて、日本の社会が成り立ってるんです。そういうことこそが尊重されなきゃいけないし、それこそ立派な仕事なんですよね。

2章　貧困の連鎖

1　貧困の連鎖を断ち切れ

経済大国といわれるわが国社会において、貧困が急速に広がっている。

貯蓄ゼロ世帯の増加・生活保護受給世帯の増加・非正規雇用の増加・働く貧困層（ワーキングプア）の増加・ネットカフェ難民の増加などに象徴される貧困の広がりは、わが国最大の社会問題であり、重大な人権問題となっている。しかも、このような貧困が世代を超えて拡大再生産されるという「貧困の連鎖」が生じているところに現在の貧困問題の深刻さがある。

金融広報中央委員会の「家計の金融資産に関する世論調査」によれば、一切の貯蓄をもっていない世帯率は、一九八〇年代には五％前後で推移していたが、一九九〇年代には一〇％前後となり、二〇〇六年には二二・九％となっているということである。この結果、現在では約三〇〇〇万人が貯蓄ゼロで生活していることになる。

生活保護受給世帯は、一九九五年度は約六〇万二〇〇〇世帯であったが、二〇〇六年六月には約一〇六万六〇〇〇世帯に増加している。

しかしながら、生活保護制度に関しては、制度を利用し得る人のうち現に制度を利用できている人が占める割合を示す「捕捉率」は、欧米では少なくとも五〇％以上であり、ドイツでは七〇％以上、イギリスでは八〇％以上であるということであるが、日本では二〇％程度であるといわれている。そうすると、およそ四〇〇万世帯が生活保護を受給する権利があるのに漏れ落ちているということになる。

総務省が、二〇〇七年三月二日に発表した労働力調査結果（二〇〇六年平均）によると、雇用者全体に占めるパート・アルバイトや派遣社員ら非正規雇用労働者の割合は、三三％となり、二〇〇二年の調査開始以来最高を更新したということである。この結果、雇用者のほぼ三人に一人が非正規雇用となっているわけである。また、非正規雇用労働者の中では、年収一九九万円以下の低所得者層が五六・八％と過半数を占めているということである。

貧困は、人間の尊厳を奪い去り、ときには命さえも奪い去る。貧困の広がりは、わが国の社会そのものを崩壊させる危険性がある。

憲法一三条は、すべての国民が個人として尊重されること、すべての国民に幸福追求権を保障している。また、憲法二五条は、すべての国民が健康で文化的な最低限度の生活を営む生存権を保障している。国は、憲法の基本的人権を実現する義務を負っているのだが、このところの貧困の広がりは、国がこのような義務を十分に果たしていないということを示している。

貧困の連鎖を断ち切るためには、当面、生活保護制度の充実と制度の周知徹底、低所得者に対する無利息又は低金利の公的融資制度の充実と制度の周知徹底、最低賃金制度の見直しによる最低賃金の引き上げ等の対策が求められている。

2　多発する餓死事件

二〇〇七年七月一〇日、北九州市小倉北区で独り暮らしの男性（五二歳）が、「おにぎりが食べたい」という日記を残し、自宅で餓死しているのが見つかった。

報道によると、男性は、肝臓の病気のためにタクシー運転手をやめて通院していたが、自宅の電気・ガス・水道なども止められるようになり生活が窮迫したため、二〇〇六年一二月七日福祉事務所に「病気で働けない」と生活保護を申請し、同月二六日から生活保護を受けるようになった。

その後、市は男性に五回就労指導を行い、二〇〇七年の四月二日の就労指導の際、男性は「自立して頑張ります」と話して生活保護の辞退届を提出し、同月一〇日に生活保護を打ち切られた。同市の保護課長は、「辞退届は本人が自発的に出したもの。男性は生活保護を活用して再出発したモデルケースで、対応は問題なかった」と話しているという。

ところが、男性は生活保護廃止後も実際には働いておらず、一か月ほど前に男性にあった周辺住民によると、男性はやせ細って、「肝硬変になり、内臓にも潰瘍が見つかってつらい」と話していたという。また、自宅近くに生えている野びるなどの野草を食べて飢えをしのいでいたという。男性の日記には「働けないのに働けと言われた」と市への不満が記されていた。

北九州市では、二〇〇五年一月にも、八幡東区で、介護保険の要介護認定を受けていた男性（六八歳）が生活保護を認められず餓死しており、また二〇〇六年五月にも門司区で、身体障害者の男性（五六歳）が二度にわたり区役所を訪れ生活保護の受給を求めたが、親族がいることを理由に拒否され、餓死している。このような生活困窮者の餓死事件は、経済的に先進国といわれるわが国の全国各地で多発している。

就労指導とセットにした保護辞退届提出の強要については、福祉事務所による違法な保護打ち切りを糊塗する便法として悪用されている。

仮に本人が自発的に辞退を申し出たとしても、福祉事務所は、いきなり保護を廃止するのではなく、実際に仕事は見つかったかどうか、最低限度の生活をするだけの十分な収入が得られているかどうかを調査・確認した上で、保護を廃止するかどうか判断すべきであろう。

生活保護に関しては、全国各地で保護申請の意思を表明した人に対しても申請を認めないという違法な対応、いわゆる「水際作戦」と呼ばれる窓口規制も蔓延している。

日本弁護士連合会が二〇〇六年に実施した全国一斉生活保護一一〇番でも、福祉事務所の相談に行ったが保護を利用できなかった人からの一八〇件の相談のうち、一一八件（約六六％）が違法な理由で保護を拒否された可能性が高いという結果が出ている。

生活保護の申請が受けつけられなかったり、保護の辞退を強要されたことにより発生している餓死事件は、ある意味では「行政による殺人」である。二度とこのような痛ましい事件をおこしてはならない。

最後のセーフティネットである生活保護の現場で行われている「水際作戦」や「辞退届の強要」は直ちに中止されねばならない。人の命がかかっているのである。

3　働く貧困層

二〇〇七年八月二八日、厚生労働省による初の実態調査で、住居がなくネットカフェや漫画喫茶などに寝泊りし「ネットカフェ難民」と呼ばれている住居喪失者が、全国で約五四〇〇人（推計）存在することが明らかになった。

厚生労働省が二〇〇七年六、七月に行った調査では、住居喪失者の中では、アルバイトや日雇い派遣などの非正規労働者が約二七〇〇人で最も多く、職を探している失業者が約一三〇〇人、職を探していない無業者が約九〇〇人、正社員が約三〇〇人などとなっているということである。また、年齢別では、二〇代が二六・五％と最も高く、次いで五〇代が二三・一％となっているということである。

東京都と大阪府の二六五人のネットカフェ難民を対象とした調査では、約四割が路上野宿も経験しており、また「マック難民」と呼ばれているファーストフード店を終夜利用する人も四割を超えており、ネットカフェ難民が、路上生活とネットカフェなどの寝泊りの両方の生活をしている実態が浮かび上がった。ネットカフェ難民の平均月収は、東京が一〇万七〇〇〇円、大阪が八万三〇〇〇円ということである。

「ネットカフェ難民」などに象徴される働く貧困層（ワーキングプア）の増加の背景には、非正規労働者の増加とその劣悪な労働条件がある。

ネットカフェ難民に関する実態調査は行われたが、ネットカフェ難民をはじめとする働く貧困層に対しては、現在十分な対策が全く行われていない。

働く貧困層（ワーキングプア）対策としては、当面ネットカフェ難民に対する住宅を確保する対策を緊急に実施するとともに、日雇派遣労働者をはじめとする非正規労働者の待遇改善が早急に図られる必要がある。

待遇改善策として、まず非正規労働者と正規労働者の均等待遇を実現するために、同一労働・同一賃金の制度を確立することが重要である。

また、非正規労働者の正規労働者化を促進する一方で、日雇い派遣などの非正規労働者を増加させる大きな要因となってきた政府の労働分野における規制緩和政策の見直しを図る必要がある。

さらに、少なくとも生活保護基準を上回るように最低賃金を大幅に引き上げることも、急務となっている。

4　生活保護基準

厚生労働省の「生活扶助基準に関する検討会」は、二〇〇七年一一月三〇日、生活保護基準の引き下げを容認する報告書をまとめた。

生活保護基準は、憲法二五条が保障する「健康で文化的な最低限度の生活」の基準であり、国民の生存権保障の水準を決める極めて重要な基準である。

二〇〇七年一一月二八日に成立した改正最低賃金法は、「生活保護との整合性に配慮する」ことを明記して最低賃金引き上げに道を開いたが、生活保護基準が下がれば、最低賃金の引き上げ目標額も下がることとなる。

さらに、生活保護基準は、地方税の非課税基準、介護保険の保険料・利用料や障害者自立支援法による利用料の減額基準、公立高校の授業料免除基準、就学援助の給付対象基準、また、自治体によっては国民健康保険料の減免基準など、医療・福祉・教育・税制などの多様な施策の適用基準にも連動している。したがって、生活保護基準の引下げは、現に生活保護を受給している人の生活レベルを低下させるだけでなく、国民生活全体にも大きな影響を与えることとなる。

検討会の報告書は、低い方から一割の低所得者層の消費支出統計よりも現行生活保護基準のほうが高いことを保護基準切り下げ容認の根拠として挙げている。しかしながら、生活保護基準以下の生活を余儀なくされている低所得者層の現状にあわせて保護基準を策定することになれば、最低生活ラインを際限なく引き下げていく「貧困のスパイラル」に陥り、貧困と格差の固定化をより一層進めることになる。

生活保護基準の重要性に鑑みれば、基準見直しに関する議論は、十分に時間をかけて慎重になされるべきである。また、こうした議論は、生活保護受給者や国民各層の声を十分に聴取し、公開の場で徹底的した議論を行うことが必要である。

しかるに、厚生労働省の検討会が、わずか一か月半足らずの議論で結論を出していることは、極めて安易かつ拙速であるとの批判を免れないものである。

貧困と格差の拡大が大きな社会問題となる中で、最後のセーフティネットである生活保護制度は、ますます重要な制度となってきている。

にもかかわらず、生活保護制度に関しては、全国各地で生活保護申請の意思を表明した人に対しても申請を認めない違法な対応、いわゆる「水際作戦」と呼ばれる窓口規制が横行し問題となっている。北九州市では、生活保護申請を拒否された人や生活保護の辞退を強要され生活保護を打ち切られた人の餓死事件が発生している。

このような生活保護制度をめぐるわが国の現状を考えれば、低所得者層に生活保護基準を合わせるのではなく、生活保護基準以下で生活している低所得者層に生活保護を受給させることにより、低所得者層の生活を底上げすることこそが求められていると言える。

5　給食費・保育料滞納問題

二〇〇七年に入って、小中学校の学校給食費の滞納問題や自治体の認可保育園保育料滞納問題に関する報道が相次いでいる。

文部科学省は、一月二四日学校給食費の滞納問題で、初の全国調査結果を公表し、二〇〇五年度の小中学校の滞納総額が二二億円超にのぼることを明らかにしている。滞納の理由について学校側は、六〇％の子どもについて、「保護者としての責任感や規範意識」の問題、約三三％については「経済的な問題」と見ているということである。

五月五日の読売新聞では、読売新聞の全国調査で、二〇〇五年度における認可保育園の滞納額が全国の主要都市だけで約三四億円に達することが明らかになったとし、保育料を払えるのに払わない親が増えているとして親のモラルの崩壊を指摘している。

給食費の滞納問題、保育料の滞納問題に関する報道で気になるのは、「親の責任感や規範意識の欠如」「親のモラルの崩壊」を強調する論調が目立つことである。

私は、給食費や保育料の滞納の増加は、親のモラルの崩壊といった問題が主要な問題ではなく、多重債務問題や貧困・格差の拡大問題が主要な原因であると考える。

現在わが国には、サラ金（消費者金融）やクレジット・ヤミ金融などから債務を抱えて返済困難に陥っている多重債務者が二〇〇万人を超えている。多重債務者の多くは、税金や国民健康保険料、公営住宅の家賃、保育料、給食費、公共料金などを滞納している。サラ金やクレジット・ヤミ金などの取立てがあまりにも厳しいため、その返済を優先せざるを得ないからである。多重債務の整理・解決ができれば、サラ金などの取立ての心配がなくなるので、滞納していた税金や健康保険料、保育料、給食費などの支払いが可能となる。

地方自治体や学校当局は、給食費・保育料滞納者から丁寧に事情を聞いて、多重債務を抱えている滞納者に対しては、まず多重債務の整理・解決方法をアドバイスし、弁護士や司法書士会、日本司法支援センター（法テラス）などを紹介するようにすべきである。

このような手当てを行わないで、ただ単に「払えるのに払わない」「規範意識の低下」キャンペーンを行って、督促・取立てを強行することは、多重債務や低所得で苦しんでいる人をさらに追い込むことになりかねないし、多重債務者・低所得者間の対立をあおることにつながりかねない。

政府は二〇〇六年新貸金業法成立直後の一二月二二日、多重債務者対策に取り組むために、内閣官房に多重債務者対策本部を設置し、同対策本部のもとに設置された有識者会議の取りまとめを受けて、二〇〇七年の四月二〇日「多重債務問題改善プログラム」を決定している。

このプログラムの中では、都道府県において都道府県の関係部署、警察、弁護士会、司法書士会等による多重債務者対策本部（又は同協議会）を設置すること、地方自治体の相談部門、徴収部門等関係部局内での連携強化、地方自治体における多重債務相談窓口の整備・強化などが打ち出されている。

6　借金苦による無理心中事件――小さな子どもが犠牲になっている

「子どもも産めない。ご飯も食べられない」――一家四人の無理心中事件

二〇〇七年七月二〇日午後一時すぎ、大阪市東淀川区下新庄三丁目の九階建てマンションの管理人から「男性が路上で倒れている」と一一九番通報があった。男性は頭などを強く打ち、搬送先の病院で死亡した。

男性はマンション三階の住人で、部屋から男性の妻と子ども二人の遺体が見つかった。母子の遺体のそばにあった男性のものとみられる携帯電話には、「仕事がなく、生活も苦しい。このままでは子どもも産めない。ご飯も食べられない」などと記したメールが残されていた。大阪府警東淀川署は、男性が無理心中を図り飛び降り自殺をしたとみている。

死亡したのは電気工事業のHさん（三四歳）とその妻（三四歳）、長男（五歳）、長女（二歳）の四人で、妻は妊娠八カ月だった。携帯電話には「妻と相談して死ぬことにしました」「子どもたちに申し訳ない」などと記した未送信メールも残されていたという。

Hさんは、家賃二カ月分を滞納し、自宅からはサラ金（消費者金融）などの明細書が見つかった。事業資金などで借金が数百万円あったといい、同署では死亡との関連を調べているという。

警察庁のまとめによれば、二〇〇六年の全国の自殺者数は三万二一五五人。九年連続で三万人を超えたというが、そのうち経済・生活苦による自殺者は、六九六九人となっている。自殺者のうち四人に一人は、経済・生活苦による自殺者ということになる。経済・生活苦の自殺者の中には、多重債務を苦にした自殺者が多数含まれている。

もう少し早く弁護士などに債務整理の相談をしていたら、もう少し早く区役所で生活保護などの相談をしていたら、東淀川区のHさん一家四人は死ぬことはなかったのではないかと思うと、残念でならない。

7　高利被害の根源は貧困

画期的な新貸金業法が成立した

深刻化する高利被害・多重債務問題の解決を求める全国民的な運動が盛り上がり、二〇〇六年一二月、金利規制と貸金業規制を大幅に強化する画期的な新貸金業法（貸金業規制法、出資法、利息制限法等の改正法）が成立しました。

新貸金業法では、みなし弁済規定（グレーゾーン金利）を撤廃し、出資法の上限金利を年二九・二％から年二〇％に引き下げ、利息制限法の制限金利（年一五〜二〇％）を超える貸付けを禁止するなどの金利規制の大幅な強化が行われています。

さらに、新貸金業法では、貸金業規制の抜本的強化が図られています。特に、過剰貸付規制に関しては、総借入残高が年収の三分の一を超える貸付けは禁止するという総量規制を導入しています。

公布から概ね三年後（二〇〇九年一二月）に予定されている新貸金業法の完全施行後は、これまで年二五〜二九・二％もの高金利で営業してきたサラ金（消費者金融）や商工ローンは利息制限法の制限金利（年一五〜二〇％）を超える貸付けができなくなり、多重債務問題の大きな要因となってきた高金利が規制されるため、多重債務者の発生は大幅に抑制されることになるものと考えられます。

さらに、政府は「借り手対策」として、現在存在するといわれている二〇〇万人を超える多重債務者を救済するために、二〇〇六年一二月、内閣に「多重債務者対策本部」を設置しています。この多重債務者対策本部のもとに設置された「有識者会議」の取りまとめを踏まえて、対策本部は、二〇〇七年四月、「多重債務問題改善プログラム」を決定しています。

改善プログラムでは、①丁寧に事情を聞いてアドバイスを行う相談窓口の整備・強化、②借りられなくなった人に対する顔の見えるセーフティネット貸付けの強化、③多重債務者発生予防のための金融経済教育の強化、④ヤミ金融の撲滅に向けた取締りの強化、などの対策が打ち出されています。

この改善プログラムの決定を受けて、現在、全国四七都道府県において、都道府県の関係部署、警察、弁護士会、司法書士会、クレサラ被害者の会などが参加した「多重債務対策協議会」が設置され、多重債務対策の取り組みが行われています。

高利被害・多重債務問題の背景には貧困問題がある

画期的な新貸金業法の成立、内閣における多重債務者対策本部の設置、多重債務問題改善プログラムの決定などにより、高利被害・多重債務対策は大きく前進したと言えます。

しかしながら、高利被害・多重債務問題の背景には、貧困問題があります。

現在、わが国でサラ金を利用している人は約一四〇〇万人に上っており、そのうち自分の収入では返済困難に陥っている多重債務者は二〇〇万人を超えています。また、二〇〇六年の経済・生活苦の自殺者は約七〇〇〇人に達しています。一日二〇人近くが経済・生活苦で自殺しているのです。

日弁連消費者問題対策委員会が行った「二〇〇五年破産事件記録調査」によると、「破産原因」は、「生活苦・低所得」、「病気・医療費」、「失業・転職」、「給料の減少」など、貧困を原因とする破産が約五割を占めています。また、「破産申立者の月収分布」を見ると月収二〇万円未満の低所得者層が約八割を占めています。

自己破産申立てをして免責許可決定を受ければ、一旦は多重債務から解放されますが、破産しても相変わらず生活が苦しければ、再び高利のサラ金やヤミ金融に手を出さざるを得ません。このため、多重債務問題の根本的な解決のためにも、貧困問題の解決が必要となります。

貧困が広がっている

わが国社会で貧困や格差が広がっています。貧困や格差の広がりは、高利のクレジット・サラ金の利用者を拡大させ、多重債務者を生み出す大きな要因となっています。

（1）高い貧困率

経済協力開発機構（ＯＥＣＤ）が二〇〇六年七月二〇日に発表した「対日経済審査報告書」によれば、可処分所得が全人口の中央値の半分以下でしかない人の割合を示す「相対的貧困率」は、ＯＥＣＤ加盟国のうち適切な統計が得られて相対的貧困率が判明した一七か国中、日本は米国に次いで二番目に高くなっているということです。

（2）貯蓄ゼロ世帯の増加

金融広報中央委員会の「家計の金融資産に関する世論調査」によれば、一切の貯蓄をもっていない世帯率は、一九八〇年代には五％前後で推移していましたが、一九九〇年代には一〇％前後となり、二〇〇六年には二二・九％となっています。この結果、現在では、約三〇〇〇万人が貯蓄ゼロで生活していることになります。貯蓄ゼロ世帯では、家族の誰かが病気をしたり失業したりすると、たちまちのうちに生活が困窮することになります。

（3）国民健康保険料の滞納世帯の増加

国民健康保険料を滞納している世帯は、二〇〇〇年六月から二〇〇四年六月までの四年間に三七〇万世帯から四六一万世帯に増加しています。

厚生労働省が公表した資料によると、二〇〇七年六月一日現在、国民健康保険料を滞納している世帯は四七四万六〇〇〇世帯（国保加入世帯の一八・六％）に上り、滞納を理由に保険証を取り上げられ、資格証明書を発行された世帯が三四万世帯に上ることが明らかになっています。このため、病気になっても診療を受けられない「医療難民」が増加しています。

（4）生活保護受給世帯の増加

生活保護受給世帯は、一九九五年度は約六〇万二〇〇〇世帯でしたが、二〇〇六年度の一か月平均は、一〇七万五八二〇世帯に増加しています。生活保護制度に関しては、制度を利用し得る人のうち現に制度を利用できている人が占める割合を示す「捕捉率」は、ドイツでは七〇％以上、イギリスでは八〇％を超えているということですが、日本の捕捉率は約一六～二〇％と推計されているということです。仮に日本の「捕捉率」を二〇％と見積もったとしても、現に生活保護を受給している世帯数から計算すると、およそ四〇〇万世帯が生活保護を受給する権利があるのに漏れ落ちているということになります。

さらに、「水際作戦」と呼ばれる行政の窓口規制により、受けられるべき生活保護が受けられない事態が発生しています。このため、生活保護を申請したが認められなかった人の餓死事件が多発しています。

このほか、生活保護制度に関しては、老齢加算に続いて母子加算が廃止・削減され、さらに生活保護基準の切り下げも検討されています。

（5）働く貧困層（ワーキングプア）・非正規雇用労働者の増加

総務省の労働力調査によると、二〇〇七年一～三月平均でパート・アルバイト・派遣労働者などの非正規労働者は過去最多の一七二六万人に達し、労働者全体に占める割合も三三・七％と過去最高となっています。一〇年前より非正規労働者は五七〇万人増え、逆に正規労働者は四二〇万人減少しています。

非正規労働者の平均年収は、正規労働者の約五割にとどまっており、二〇〇六年の労働力調査では、年収二〇〇万円未満の非正規労働者は一二六〇万人に上り、非正規労働者全体の七七％を占めているということです。

貧困問題を解決するための当面の課題

貧困は、人間の尊厳を奪い去り、ときには命さえも奪い去ります。貧困の広がりは、わが国社会そのものを分裂させ、崩壊させる危険性があります。貧困が広がる社会は、誰もが人間らしく安心してくらせる社会とはいえません。

貧困問題を解決するためには、当面生活保護をはじめとするセーフティネットの強化と働く貧困層（ワーキングプア）対策の強化とが求められています。

（１）セーフティネットの強化

①生活保護制度の充実・運用改善

生活保護制度の運用を改善し、生活保護制度をもっと利用しやすい制度にしていく必要があります。そのためには、水際作戦と呼ばれる行政の窓口規制をやめさせ、老齢加算や母子加算の削減・廃止を撤回させ、生活保護基準の引き下げを阻止しなければなりません。

また、生活保護制度に関する広報、情報提供などを行って周知徹底を図る必要があります。現状では、生活保護制度よりサラ金やヤミ金融の方が身近な存在となっているからです。

②低所得者層に対するセーフティネット貸付けの充実

次に、低所得者層に対する無利息又は低金利の公的融資制度を充実させる必要があります。

多重債務者増加の最大の要因は、高金利の貸付けにあり、低所得者が利用しやすい無利息又は低金利の融資制度が存在すれば、高金利の貸付けの罠に陥ることもありません。このような観点から、社会福祉協議会による生活福祉資金貸付け、自治体による母子寡婦福祉貸付金制度、労働金庫による自治体提携社会福祉資金貸付制度などを充実する必要があります。

また、このような公的融資制度についても広報・情報提供などを行って周知徹底を図る必要があります。

（2）働く貧困層（ワーキングプア）対策の強化

①最低賃金の引き上げ

働く貧困層(ワーキングプア)・非正規労働者の待遇改善のために、まず最低賃金制度を見直し、最低賃金を大幅に引き上げることが求められています。

しかしながら、現在最低賃金が最も高い東京都でも時給七三九円、最低の秋田、沖縄県は時給六一八円で、全国の平均は時給六八七円ということです。九都道府県の最低賃金は、生活保護水準より低くなっています。

日本の最低賃金は、フランスの時給一三〇八円、英国の時給一二七七円などと比べても大きく下回り、先進国では最低水準にあります。ワーキング・プアと呼ばれる働く貧困層を減らすためには、少なくとも全国どこでも生活保護基準を上回るように最低賃金を引き上げるようにすべきです。

②非正規労働者の待遇改善

非正規労働者の平均年収は、正規労働者の約五割に止まっており、非正規労働者の約八割が年収二〇〇万円未満に止まっています。

基本的に非正規労働者と正規労働者の均等待遇を実現する同一労働同一賃金制度の確立が求められています。

③派遣労働の規制強化

さらに、非正規労働者の正規労働者化を図る一方で、非正規労働者を増加させる大きな要因となってきた労働者派遣法の規制を強化するなど、労働分野における規制緩和政策を改めさせる必要があります。特に、非人間的な労働形態である日雇い派遣・登録型派遣については、原則禁止させる必要があります。

反貧困のネットワークを広げよう

二〇〇七年六月、これまでクレサラ問題に取り組んできた弁護士や司法書士、被害者団体などが中心となって、「生活保護問題対策全国会議」が結成されました。

また、日弁連でも、多重債務問題と生活保護をめぐる問題をテーマとするシンポジウムを開催した二〇〇六年の人権大会の成果をふまえて、二〇〇七年七月、「生活保護問題緊急対策委員会」が発足しています。

さらに、二〇〇七年一〇月一日には、ホームレス、フリーター、派遣労働者、シングルマザー、障害者、ＤＶ被害者、多重債務者、生活保護受給者などの当事者や支援者が、それぞれの抱える問題の枠を超え、また、政治的立場を超え反貧困の一点で結びついた「反貧困ネットワーク」が結成されています。二〇〇八年四月一六日には、「反貧困ネットワーク」、「生活保護問題対策全国会議」、「中央労福協」などの関係者が中心となり、生活保護制度の改善やワーキングプアの解消をめざす「人間らしい労働と生活を求める連絡会議」（生活底上げ会議）が結成されています。

このように、貧困が広がる一方で、貧困に抗する市民運動も着実に広がってきています。低所得者層が高金利のサラ金やクレジットを利用するとますます貧困化が進むことになります。高利貸しが横行する社会は、貧困と格差を拡大させる社会です。こういう異常な社会をまっとうな社会に変えていくためには、高利貸しに頼らなくても人間らしい生活をしていける、そういう社会に改革していく必要があります。そのためには、貧困に抗する力、反貧困のネットワークを全国に広げていく必要があると思います。

3章　サラ金・ヤミ金・高金利と戦う

1　一本のテープが、世論を動かした

被害者（根保証人）の相談を受ける

一九九九年六月中旬頃、日栄（現ロプロ）の関連会社日本信用保証株式会社より千葉地方裁判所に五七〇〇万円の保証債務履行請求訴訟を起こされた千葉市内に住むAさん（六二歳男性・年金生活者）が、訴訟関係書類と一本のテープを持って私の事務所に相談に訪れた。Aさんは、日本信用保証株式会社より自宅土地建物の仮差押えを受けていた。

Aさんは、当初千葉市内のある法律事務所に相談にいっていたようであるが、そこの事務所の弁護士から私の事務所を紹介されたようであった。実は、Aさんの事件は、日栄に関し私が相談した初めての事件だったのである。

Aさんは、私の事務所に相談に訪れる四年前（一九九五年）の四月初め頃、自宅近くにある配管工事会社の社長より、「従業員の給料を支払うために日栄から二〇〇万円を借りねばならない。絶対に迷惑をかけないので連帯保証人になってほしい」と何度も懇願されたので、仕方なく連帯保証人となることに同意した。

Aさんは、同年四月二八日、日栄の千葉支店で連帯保証契約を締結したのであるが、このとき二〇〇万円の借り入れについての連帯保証であったにもかかわらず、保証限度額一〇〇〇万

円の根保証契約書に署名押印させられていた。日栄側からは、Aさんに対し根保証についてはなんら何らの説明もなかったので、Aさんは、二〇〇万円の借り入れについてだけの連帯保証人であると思っていたということである。

一九九八年二月初め頃、主たる債務者である配管工事会社が不渡倒産したのであるが、この時点でこの会社の日栄に対する債務は一一五〇万円に膨らんでいた。

日栄側は、もう一人の連帯保証人から五八〇万円を回収すると、残りの五七〇万円の支払をAさんに求めてきた。

しかしながら、Aさんは年金生活者であり一か月の年金収入は一〇万円程度であったので、とても支払うことはできない。Aさんの唯一の財産は、四年前（一九九五年）の一月に相続した自宅の土地建物だけだったのであるが、日栄側は、しきりにAさんに対し自宅を売却して保証債務を履行するよう迫った。

自宅を処分すると行き先を失ってしまうAさんが、自宅の売却処分を拒否すると、日栄の社員より、一九九八年の三月頃から七月頃にかけて、二〇数回にわたり、電話による常軌を逸した脅迫的取立が繰り返された。

Aさんが、私の事務所に相談に訪れて持参したテープは、この時の日栄社員の脅迫的取立ての録音テープだったのである。

「腎臓売れ、肝臓売れ、目ん玉売れ」

Aさんが持参したテープは、一九八〇年当時のサラ金地獄をほうふつとさせるものだった。

このテープでは、「あんたの腎臓も肝臓もな、目ん玉も全部売って何もないと、そこまでいわんか。それで金ができねえったらこっちは見逃してやるわ。な、土地付きの家持っとる。ええ服着とるやないか。電気もついとるやろ。こうやって電話代も払っとるやないけ。何ができんじゃ、ふざけるな、おっさん。えっ」。

「家売れさっさと、おまえ。家売りとばせ、えっ。金作れ。腎臓二つもっとるやろ。うちの債務者腎臓一個しかないやつ多いねんぞ、こら。え、一個売れよ、こら。三〇〇万ぐらいで売れるわ」。

「目ん玉一個売れよ、おまえ。一〇〇万ぐらいで売れる。そんくらいやって金ない言うんやったらこっちも誠意認めてやる」。

などというような脅迫的取立てが延々と繰り返されていた。

損害賠償請求訴訟の提起、行政処分の申告、刑事告訴

私は、テープを聞いて、このような悪質な取立ては許せない、多くの債務者や根保証人が日栄に泣かされている、日栄商法にメスを入れるためにも日栄を告発すべきだとAさんを説得した。

Aさんは、日栄社員の脅迫的取立に怯えてはいたが、最終的には勇気を出して日栄を告発していくことに同意した。

一九九九年一〇月二一日、日栄を被告として三〇〇万円の慰謝料の支払を求める損害賠償請求訴訟を千葉地方裁判所に提起し、同日記者会見してこのテープとテープの反訳書をマスコミに公開した。この時から、このテープは多くのテレビ局で繰り返し流されることになる。またこの時から、それまで一部のテレビ局や東京新聞、週刊ポストなどだけで行われていた商工ローン批判キャンペーンも、全マスコミに広がることになった。

日栄の脅迫的取立事件がマスコミで報道される中で、私は何度もインタビューを受け、日栄の組織ぐるみの違法取立や社員に厳しいノルマを課す経営体質を批判した。そうすると、私のインタビューが報道されるたびに、日栄の現役社員から私の事務所にもっと徹底的にやってくれという電話が何本もかかってきた。

日栄は当初、このテープが日栄社員によるものであることを否定していた。

一〇月二六日近畿財務局に日栄の登録取消を求める行政処分の申告書を送付し、一〇月三〇日恐喝未遂罪と貸金業規制法違反で日栄の元社員Xと日栄を警視庁に告訴し、告訴状が受理された。実は、刑事告訴状は早くから準備して提出する用意をしていたのであるが、警視庁の生活経済課の刑事二名が私の事務所を訪れて自分達も一生懸命やるつもりなので、告訴状の提出はもう少し待ってくれないかと懇願していたのである。

今だから話せる日栄元社員X逮捕に至るいきさつ

脅迫的取立てテープをマスコミに公開して記者会見した翌日の一〇月二二日の午後八時頃、私の事務所にYと名乗る男性から電話があった。

Yは日栄の東京支店でXと机を並べて債権の回収・取立てを行っていた友人だということである。Yの話によれば、Xはすでに日栄を退職して他の会社に転職していたのであるが、脅迫的取立てテープがマスコミに公開された後、Xの関西の実家やXのアパート、勤務先などが、日栄の関係者と思われる人物から監視されるようになったため、身の危険を感じてYのところに身を寄せてきているということであった。

Yによれば、「Xはとてもよい青年であるので前科者にだけはしたくない。できれば刑事告訴はしないでほしい」ということだった。

私は、Yに対し「日栄はXの件だけでなく、各地で同じような悪質な取立てをしているので、Xにはかわいそうだが刑事告訴はやめるわけにはいかない。ただし、Xが身辺を監視され身の危険を感じているのであれば、自ら警察に出頭した方がよいのではないか。警察の保護下に入った方がXの身は安全であるし、自ら出頭したことは、裁判になっても情状面で考慮されると思う」とアドバイスした。

そこで、YはXを同行して翌日警視庁に出頭したのであるが、警視庁の警察官から今は忙しいからといって追い返されたということであった。

そこで、私はすぐに私の事務所に告訴状の提出を待ってくれと要請にきた警視庁の生活経済課の刑事に電話をして、「X本人が出頭しているのになぜ調べないんだ」「あんたたちはやる気があるのか」と怒鳴りつけた。その上でYに電話して、もう一度Xを連れて警視庁に出頭させた。そしてXの事情聴取が行われ、一〇月三〇日に告訴状が受理されるとともにXが逮捕され、日栄の強制捜査が始まることになったのである。

日栄元社員Xの逮捕によりテレビCMも中止に

日栄は、積極的にテレビCMを打ち、それを顧客拡大に利用していた。

当時日栄は、テレビ朝日では「サンデープロジェクト」「ニュースステーション」「暴れん坊将軍」、TBSでは「報道特集」、日本テレビでは「ウェークアップ」という番組のスポンサーをしていた。各テレビ局の主だった報道番組のスポンサーとなることによって、悪質な日栄商法が報道されるのを防いでいたのである。

日栄のテレビCMに関しては、それまで日栄・商工ファンド対策全国弁護団がテレビ局各局に日栄のテレビCMの中止を申し入れていたが、テレビ局は全く聞く耳を持たず、相変わらず日栄のCMを流し続けていた。

しかしながら、一九九九年一〇月三〇日恐喝未遂罪で日栄の元社員Xが警視庁に逮捕されたことにより、テレビ局各局は一斉に日栄のテレビCMを中止した。CM中止直後のテレビ朝日「ニュースステーション」のトップニュースは、日栄の脅迫的取立てと日栄元社員Xの逮捕に関する報道であった。

事件の顛末

警視庁は一〇月三〇日、日栄の元社員Xを逮捕するとともに、日栄千葉支店、同東京支店などの強制捜査に乗り出した。警視庁の日栄に対する強制捜査の開始は、中小企業国会といわれた一九九九年秋の臨時国会にも大きな影響を与え、臨時国会では、日栄の松田社長や商工ファンドの大島社長の参考人質疑や証人喚問が行われ、出資法や貸金業規制法の一部改正が行われることとなった。

東京地方裁判所は、二〇〇〇年一月一八日日栄元社員Xに対し、懲役一年六月執行猶予三年の判決を言い渡した。金山薫裁判官は「暴力団まがいの言動で返済を迫るなど被害者の精神的苦痛は大きく、被告人の刑事責任は軽視しがたい」と述べる一方で、日栄が債権回収の実績を上げるために社員に厳しいノルマを課すなどしていた経営体質に言及し、「起こるべくして起こった事件」と指摘した。

金融監督庁と近畿財務局は、二〇〇〇年一月二七日東京地方裁判所における日栄元社員Xの有罪判決を受けて、貸金業規制法違反行為が組織ぐるみで行われていたと判断した上で、本支店を含む日栄の全店の一週間の業務停止、事件の舞台となった東京、千葉の両支店については九〇日間の業務停止を命ずる行政処分を行った。

千葉地方裁判所に提起していた損害賠償請求訴訟に関しては、二〇〇〇年五月二四日、日栄がAさんに対し二五〇万円の慰謝料を支払うことで和解が成立した。また、日栄がAさんに対し五七〇万円保証債務履行請求訴訟に関しても同日和解が成立し、Aさんが保証債務として一〇〇万円の支払義務があることを認める和解が成立した。

結局Aさんは、日栄がAさんに支払った二五〇万円の慰謝料の中から一〇〇万円の保証債務を支払うことで、自宅の土地・建物を守ることができた。

2　サラ金、ヤミ金の現状と問題点

サラ金利用者の拡大

サラ金（消費者金融）系の信用情報機関である全国信用情報センター連合会（全情連）によれば、二〇〇六年五月二二日現在、債務を抱えている利用者は約一四〇〇万人ということである。国民の九人に一人がサラ金の債務を抱えていることになる。

サラ金を利用している層の多くは、低所得者層であり貧困層である。サラ金の利用者拡大の背景には、貯蓄ゼロ世帯や、生活保護受給世帯が増えたほか、非正規雇用、働く貧困層（ワーキングプア）、ネットカフェ難民の増加などに象徴される貧困と格差の拡大がある。

「自転車操業」で多重債務に

先述した約一四〇〇万人の利用者のうち、約二六七万人が三カ月以上にわたり返済が滞っている。五社以上から借り入れのある利用者は、約二三〇万人に達しているという。三カ月以上にわたって返済が滞っている利用者や五社以上から借り入れのある利用者の多くは、既に返済困難に陥っている多重債務者と推定される。自分の収入で返済できなくなった多重債務者の多くは、サラ金の厳しい取り立てを逃れるために、他のサラ金やクレジットカードで借金を返済するという自転車操業を繰り返している。

たとえば、サラ金から年二九・二%の金利で二〇〇万円借金をして、その返済のために他のサラ金から借金を繰り返すと、サラ金の元本は三年で約四七五万円に、六年で約一一三〇万円に膨れ上がる。私の事務所には、このような自転車操業を一〇数年繰り返した結果、一〇八社から一億三〇〇〇万円もの借金を抱えたサラリーマンが相談にきたことがある。毎月の返済額は、七〇〇～八〇〇万円に上っていた。

個人の自己破産申立件数は、二〇〇三年をピークにやや減少してきているが、それでも二〇〇六年は、一六万五九一七件となっている。

弁護士会や司法書士会、日本司法支援センター（法テラス）などの相談窓口に相談できている多重債務者は、多重債務者のうちの二割くらいである。相談窓口を知らない多重債務者の中には、債権者の苛酷な取立てや多重債務を苦にして、自殺や夜逃げをする者も少なくない。

また、税金や国民健康保険料、公営住宅の家賃、子どもの授業料、保育料、給食費などを滞納している多重債務者も多い。もともとが低収入・低所得の上に、督促・取立ての厳しいサラ金やヤミ金への返済を優先するからである。

サラ金三悪「高金利」「過剰貸し付け」「苛酷な取立て」

これらの深刻な多重債務問題の大きな要因となってきたのが、サラ金の高金利である。

現在、基準貸付利率（従来「公定歩合」とされていたもの）は年〇・七五％、銀行の普通預金金利は年〇・二％という超低金利状態であるにもかかわらず、サラ金業者の貸出金利の大半は年二五〜二九・二％の高金利となっている。

大手サラ金業者は、銀行から年二％前後の低金利で資金調達をして、年二五〜二九・二％もの高金利で貸し出しをしているので、莫大な利ざやが生じ、貸せば貸すほど利益が上がる状態となっている。このため、多くの大手サラ金業者の営業担当社員には、貸出残高を伸ばすノルマが課されている。

また、利用者の給与明細や源泉徴収票などを提出させることなく、収入に関しては自己申告で、運転免許証や健康保険証があれば簡単に融資をするので、利用者の支払い能力を超えた過剰貸し付けが行われやすい状態となっている。過剰貸し付けは、返済困難に陥る多重債務者を生み出す大きな要因となっている。

さらに、返済困難に陥った多重債務者を放置していたら貸し倒れとなってしまうので、貸し倒れを少しでも減らすために、不良債権の回収を行う管理部門の担当社員にもノルマが課されているのが一般的である。このことが、サラ金業者の苛酷な取立ての要因となっている。二〇〇六年四月一四日には、サラ金大手アイフルが、債務者本人や親族などに対する違法な取り立てを行っていたとして全店舗業務停止の行政処分を受けている。

ヤミ金融は犯罪者集団

ヤミ金融とは、貸金業登録をしないで営業している金融業者、または貸金業登録の有無にかかわらず出資法の金利規制（金利が年二九・二％を超えると処罰される）に違反して超高金利で貸し付けを行う金融業者のことである。つまり、ヤミ金融は明白な犯罪者集団である。

もともと、ヤミ金融は、貸金業の登録をしないで無登録で営業を行う、まさに「闇」の業者が多かった。しかし、一九九〇年代の終わり頃からは貸金業の登録をした上で出資法の金利規制に違反する超高金利で貸し付けを行うヤミ金融も多くなった。

サラ金やクレジットの支払日が通常一カ月に一回であるのに対し、ヤミ金融の支払日は通常一〇日に一回あるいは一週間に一回となっている。このため、ヤミ金融は「短期高利金融業者」、あるいはただ単に「短期金融」とも呼ばれている。

また、ヤミ金融の金利は当初一〇日で一割（年三六五％）くらいの業者が多かったので、ヤミ金融は「トイチ業者」とも呼ばれていた。しかしながら、最近のヤミ金融は、「トヨン」（一〇日で四割、年一四六〇％）、「トゴ」（一〇日で五割、年一八二五％）が主流となり、中には金利が一日二〇割（年七万三〇〇〇％）という途方もない超高金利をとるヤミ金融も出現している。

ヤミ金融は弱者を狙う!

ヤミ金融のターゲットは多重債務者や自己破産者、商工ローンなどを利用している中小零細事業者などである。多重債務者の大半は、自分の収入の範囲内では毎月の返済が困難になっている。しかしながら、毎月の返済が滞ると、クレジット・サラ金業者から厳しい督促・取立てを受けることになるので、借金返済のために新たな借金をするという自転車操業を繰り返している。このような多重債務者は、ヤミ金融の格好のターゲットとなっているのである。

ヤミ金融は、自己破産者もターゲットにしている。破産すると、銀行系・クレジット系・サラ金系の信用情報機関に破産したことが事故情報として登載されることになる(いわゆるブラック情報)。この事故情報に関しては、銀行系・クレジット系・サラ金系の信用情報機関がそれぞれ情報交換を行っているので、破産すると、どこからも借りられなくなる。自己破産して免責許可決定を受ければ多重債務から解放されることになるが、自己破産しても生活は相変わらず苦しい低所得者層は、ヤミ金融のターゲットとなっている。

中小零細事業者向けの商工ローンや日掛け金融を利用している中小零細事業者の多くも返済に苦しんでいるため、ヤミ金融のターゲットとなっている。

「名簿屋」が横行

ヤミ金融は、ダイレクトメールやファクス、電話などで融資勧誘を行っている。つまり、ヤミ金融の被害者の多くは、「ヤミ金融から狙いをつけられ借金させられている」というのが実情である。

また、新聞の折り込み広告やスポーツ新聞・夕刊紙・雑誌などで広告を出しているヤミ金融業者の大半は、貸金業の登録を取っているヤミ金融業者である。

ダイレクトメール・ファクス・電話などによるヤミ金融の融資勧誘を可能にしているのは、「名簿屋」の存在である。名簿屋の情報入手先として考えられるのは、サラ金（消費者金融）会社の社員や元社員である。

わが国には、業界別に銀行系・クレジット系・サラ金系などの個人信用情報機関があるが、そこから漏れているということも考えられる。個人情報保護法は制定施行されたが、同法では名簿屋の規制や名簿の売買を規制していないため、相変わらず名簿屋が横行している。

手段を選ばぬ暴力的・脅迫的取立て

ヤミ金融は犯罪者集団なので、法的手続きをとって債権回収をするようなことはせず、もっぱら暴力的・脅迫的取立てを債権回収の主たる手段としている。中でも、電話による脅迫的取り立てが顕著である。ヤミ金融の取立ては、借り主本人だけでなく、借り主の家族・親族・近隣住民・勤務先・子どもの通う小、中学校などに及んでいる。

二〇〇三年六月一四日未明、ヤミ金融の暴力的・脅迫的取立てを苦にして、大阪府八尾市の借り主の女性（六九歳）と障害者の夫（六一歳）、障害者の兄（八一歳）の男女三人が遺書を残して鉄道自殺した事件は、マスコミでも大きく報道されていた。

一〇〇〇億円以上が暴力団に……

ヤミ金融の大半は、暴力団の資金源になっている。

二〇〇三年八月一一日に山口組五菱会系ヤミ金融グループを統括していた最高責任者で「ヤミ金の帝王」と呼ばれていた梶山進が出資法違反容疑で警視庁に逮捕され、一〇月二四日には山口組総本部の捜索も行われた。梶山進が組織したヤミ金融グループは、最盛期一〇〇〇店もの店舗を持ち、年間一〇〇〇億円の収益を上げ、山口組系暴力団に収益金を上納していたとみられている。山口組五菱会系のヤミ金融グループの摘発によって、ヤミ金融が反社会的集団である暴力団の資金源となっていることが、ますます明らかになったといえる。

増加する「〇九〇」金融

二〇〇三年のヤミ金融対策法の成立、山口組五菱会系ヤミ金融グループの摘発などによって、急増の一途を辿っていたヤミ金融は頭打ちとなり、弁護士会などにおけるヤミ金融の相談は減少傾向となっている。

ヤミ金融に関する相談は全国的にも減少してきているが、一部悪質なヤミ金融はまだまだ根絶されていない。最近は、貸金業の登録をしているヤミ金融業者は減少してきており、電話（特に携帯電話）番号以外は住所、ファクス番号などが全くわからないヤミ金融業者が増えている。

また、ヤミ金融の取り締まり・摘発が強化されたことにより、ヤミ金融グループの一部が振り込め詐欺（オレオレ詐欺、架空請求詐欺、融資保証金詐欺、還付金詐欺）グループに移行してきているのも、最近の特徴の一つである。

新貸金業法の成立でどう変わるか？

深刻化する多重債務問題に対処するために二〇〇六年一二月一三日、新貸金業法（貸金業規制法、出資法、利息制限法等の改正法）が成立し、同年一二月二〇日に公布された。新貸金業法では、金利規制、参入規制、行為規制、過剰貸付規制などが大幅に強化されている。

新貸金業法の施行により、既に一部の大手サラ金業者の中には人員削減や店舗縮小の動きがあり、中小のサラ金業者の中には廃業の動きがあるため、現在存在している二〇〇万人を超える多重債務者に対し、今後貸し渋りや貸し剥がしが発生する可能性がある。

この結果、今後返済資金に窮した多重債務者がヤミ金融のターゲットになる危険性がある。新貸金業法の施行により、ヤミ金融に対する警察の取り締まりを一層強化することが求められているといえる。

3　貸金業法の改正と今後の取組み

新貸金業法の成立と金利規制の強化

深刻化する多重債務問題に対処するため、二〇〇六年一二月一三日新貸金業法（貸金業規制法、出資法、利息制限法等の改正法）が成立し、同年一二月二〇日に公布された。

新貸金業法では、クレジット・サラ金（消費者金融）・商工ローンなど貸金業者の高金利が多重債務問題の大きな要因となっていたことから、金利規制の強化が図られた。

すなわち、新貸金業法では、公布から概ね三年を目途に、みなし弁済規定（グレーゾーン金利）を廃止し、出資法の上限金利を年二九・二％から年二〇％に引き下げ、出資法の上限金利年二〇％と利息制限法の制限金利（年一五～二〇％）との間の金利での貸付けを禁止し違反すれば行政処分の対象とする、日賦貸金業者（日掛け金融）等の特例金利は廃止する、保証料も利息と合算して規制する、などの金利規制の強化が行われている。

この結果、出資法の上限金利引き下げ後は、貸金業者は、利息制限法の制限金利を超える金利での貸付けができなくなる。

このため、これまでのように利息制限法の金利規制を知らなかったがために、払わなくてもよい金利を払い続け、ついには自殺や夜逃げに至ってしまうというような悲劇も、大幅に減少することになるのである。

出資法の上限金利引き下げ後は、利息制限法を知っている債務者だけでなく利息制限法を知らない債務者も、利息制限法の金利規制の恩恵を受けることになるのである。

金利規制の強化と過剰貸付規制の強化によって多重債務者の発生は大幅に抑制される

新貸金業法では、金利規制を強化するとともに、過剰貸付規制の強化が図られている。これまでの貸金業規制法でも、過剰貸付けを禁止する規定があり（同法一三条）、「窓口における簡単な審査のみによって、無担保・無保証で貸し付ける場合の目処は、当該資金需要者に対する一業者あたりの金額について五〇万円、又は、当該資金需要者の年収額の一〇％に相当する金額とすること」という金融庁のガイドラインも示されていたが、違反しても罰則もなければ、行政処分の対象にもならなかった。

新貸金業法では、指定信用情報機関制度を創設し、貸金業者が借り手の総借入残高を把握できる仕組みを整備するとともに、自社からの借入残高が五〇万円超となる貸付けや総借入残高が一〇〇万円超となる貸付けの場合には、貸金業者に年収等の資料の取得を義務づけ、総借入残高が年収の三分の一を超える貸付けは禁止するという総量規制を導入し、違反は行政処分の対象にされることになった。

多重債務問題の大きな要因となっていた高金利の規制とともに、過剰貸付けの規制が強化されたことにより、これらの規制が施行された後は、多重債務者の発生は大幅に抑制されることになるものと考えられる。

現存する二百数十万人の多重債務者の救済が大きな課題となる

新貸金業法の公布から概ね三年後においては、みなし弁済規定（グレーゾーン金利）が廃止され、出資法の上限金利年二〇%と利息制限法の制限金利（年一五〜二〇%）との間の金利での貸付けは禁止されることになるので、過剰貸付規制と相俟って、以後は多重債務者の発生が大幅に抑制されるであろうことは前述したとおりであるが、現在存在しているといわれる二百数十万人の多重債務者に関しては、別途救済を考えていく必要がある。

サラ金系の信用情報機関である全国信用情報センター連合会（全情連）によれば債務を抱えている約一四〇〇万人の利用者のうち、三か月以上にわたって返済が滞っている利用者が約二六七万人、五社以上から借り入れのある利用者が約二三〇万人存在するということである。これらの利用者の多くは、既に返済困難に陥っている多重債務者と推定される。

多重債務者に多くは、自分の収入の範囲では既に返済ができなくなっており、その多くは返済のために他社からの借入れを繰り返す自転車操業状態に陥っている。

新貸金業法の施行により、現在存在している多重債務者に対する貸し渋りや貸し剥がしが発生する可能性がある。

既に一部の大手サラ金業者の中には、人員削減や店舗縮小の動きがあるし、中小のサラ金業者の中には廃業の動きがある。

現在存在している多重債務者に対しては、弁護士会や司法書士会、日本司法支援センター（法テラス）などの適切な相談窓口の広報活動を強化するとともに、これらの相談窓口に多重債務者を誘導し、救済を行うことが重要である。

また、今後返済資金に窮した多重債務者がヤミ金融のターゲットになる危険性があるので、ヤミ金融に対する警察の取締りを一層強化する必要がある。

利息制限法の改悪・特例高金利を復活させない取組み

政府は、二〇〇六年一二月二二日、多重債務問題の解決に取り組むために、内閣官房に「多重債務者対策本部」を設置している。

現在、この多重債務者対策本部のもとに「有識者会議」を設置し、多重債務者対策本部で取り組むべき行動プランの検討が行われている。

多重債務者対策本部において取り組むべき課題としては、①貧困層・低所得者層に対する生活福祉資金などの低利融資制度や生活保護制度を充実するなどのセーフティネットを拡充強化する、②弁護士会、司法書士会、日本司法支援センターなどの多重債務者の相談窓口に関する広報活動を強化し、これらの相談窓口を拡充強化する、③ヤミ金融対策を強化する、④都道府県市町村における多重債務対策を強化する、などが考えられる。

自己破産の申立てをして免責許可決定を受ければ、多重債務から解放される。しかしながら、自己破産者は、信用情報機関に事故情報が登録されることになるので、五～七年間は銀行・サラ金からの借り入れやクレジットの利用が困難になる。このため、自己破産しても相変わらず生活が苦しい低所得者層は、ヤミ金融のターゲットになる危険性がある。自己破産者をヤミ金融のターゲットにさせないためにも、セーフティネットの拡充強化が求められる。

また、新貸金業法では、施行から二年半以内に貸金業制度と金利規制について、見直しが行われることになっている。貸金業法改正前に一時問題となった利息制限法の制限金利の実質引き上げや特例高金利を復活させないためにも、多重債務者対策本部に右に述べた施策を着実に実施させることが重要であると考える。

4　利息制限法も高すぎる、更に引き下げへ

利息制限法の制限金利も高すぎる

新貸金業法の公布から概ね三年後には、みなし弁済規定（グレーゾーン金利）が廃止されるとともに、出資法の上限金利が年二〇％に引き下げられ、利息制限法の制限金利を超える金利での貸付けが禁止されることになるため、貸金業者は利息制限法の制限金利を超える金利での貸付けができなくなる。

しかしながら、利息制限法の制限金利でも利用者、特に低所得層の利用者にとっては、まだまだ高いと言わねばならない。

税理士の柴田昌彦氏が行った「中小企業の財務分析」によれば、売上規模〇・五億円未満（平均従業員数三・九名）の黒字企業（全産業）二万三六三九社の損益分岐点借入金利は、年一一・三八％であり、売上規模〇・五億円以上一億円未満（平均従業員数七・三名）の黒字企業（全産業）二万三〇七七社の損益分岐点借入金利は、年一二・一九％ということである。つまり、利息制限法の制限金利での借入れでも、多くの中小零細企業は赤字企業に転落するということである。

利息制限法の制限金利の変遷

利息制限法は、一八七七年（明治一〇年）に制定された法律であるが、当初の制限金利は元本一〇〇円未満の場合は年二〇％、元本一〇〇円以上一〇〇〇円未満の場合は年一五％、元本一〇〇〇円以上の場合は年一二％であった。

その後、銀行の貸出約定平均金利等が下落したため、一九一九年（大正八年）に改正が行われ、元本一〇〇円未満の場合は年一五％、元本一〇〇円以上一〇〇〇円未満の場合は年一二％、元本一〇〇〇円以上の場合は年一〇％と改正された。

更に、第二次大戦後の混乱期に物価や銀行の貸出約定平均金利等が上昇したため、一九五四年（昭和二九年）に改正され、元本一〇万円未満の場合は年二〇％、元本一〇万円以上一〇〇万円未満の場合は年一八％、元本一〇〇万円以上の場合は年一五％と改正されている。

この時の利息制限法の制限金利が現在も続いているのであるが、一九五四年当時の銀行の貸出約定平均金利は年九・〇八％であったが、現在の銀行貸出約定平均金利は年一・七六％（二〇〇六年一二月現在）であり極めて低い水準となっているので、利息制限法の制限金利の引き下げも検討されるべき情勢となっていると言える。

もし、一九五四年当時の銀行の貸出約定金利と二〇〇六年一二月時点における銀行の貸出約定金利を比較して、利息制限法の制限金利を改正するとしたら、①元本一〇万円未満の場合は年三・八八％程度、②元本一〇万円以上一〇〇万円未満の場合は年三・四九％程度、③元本一〇〇万円以上の場合は年二・九一％程度が妥当ということになる。

「利息制限法金利引下実現全国会議」の結成

フランスでは、わが国の日本銀行にあたるフランス銀行において、三か月に一度ずつ消費者金融、不動産金融、事業者金融などの市場平均金利を調査して発表し、この市場金利の三分の四倍を超えると暴利貸借利率となり、違反すると処罰されることになっている。

二〇〇三年八月に発表された日弁連の統一消費者信用法要綱案では、「金融料（消費者金融取引の利息及び販売信用取引における手数料等）の民事上の制限利率は、過去の国内銀行貸出約定平均金利に連動し毎年一回政令で定めるものとし、過去一〇年間の平均金利に六％を上乗せするものとする」との金利規制案が提案されている。

利息制限法の制限金利の引き下げ問題に関しては、全国の弁護士や司法書士、クレサラ被害者の会関係者などによって、来る三月四日、「利息制限法金利引下実現全国会議」が結成される予定となっている。

5　グレーゾーン金利廃止でどうなる

法改正で過剰貸付を抑制

――まず、今後業界や多重債務者がどうなるかについてお伺いします。

宇都宮　結論から言えば、消費者金融業界も多重債務問題も、健全化していかざるを得ないでしょう。マスコミなどでは金利の引き下げだけが大きく取り上げられていますが、今回は貸金業法の抜本的な改正を含んでいます。例えば、貸金業を登録するときの最低純資産要件が、三年後には五〇〇〇万円まで引き上げられます。

また、もう一つの大きな改正は過剰貸付に対する規制が厳しくなり、年収の三分の一までしか貸してはいけないという、総量規制が実施されます。さらに、無登録営業や超高金利（年一〇九・五％超）の貸付けの刑事罰が懲役五年から一〇年に引き上げられます。そうなると無登録で営業しているヤミ金や、経営基盤の弱い業者はやっていけなくなります。

金融庁は、現在、全国に一万四〇〇〇存在する登録業者のうち、「生き残るのは二〇〇〇〜三〇〇〇業者ぐらい」といっています。業者の数が絞り込まれ、過剰貸付が抑制されるのは間違いないでしょう。また、多重債務者も減っていくのは確かです。

――消費者金融業界の関係者によれば、大手の寡占化がいっそう進み、消費者金融業者の数は二〇〇社以下になるという人もいるようです。ところで、多重債務者の実態はどうなっているのですか。

宇都宮　私が全国信用情報センター連合会の幹部から話を聞いたところでは、現在、消費者金融業者などからおカネを借りた人で、借りたおカネの返済が三か月以上にわたり滞っている人は二六七万人を数えるそうです。また、五社以上から借りている人は二三〇万人にのぼるそうです。

そのうち、年間約十数万人が自己破産し、経済的な生活苦から自殺する人が年間八〇〇〇人にも達しています。また、借金苦から夜逃げする人も多く、さらにホームレスになる人の数も二万五〇〇〇人を数えます。付け加えれば、日本社会に格差、貧困が広がっていて、年収二〇〇万円以下のワーキングプア（働く貧困層）が一〇〇〇万人、生活保護世帯が一〇〇万世帯を超えているという現実があります。

最近では消費者金融からおカネを借りた人に「生命」を担保として、保険をかける消費者信用団体生命保険の問題も明らかになりました。まさに異常事態です。業界のやっていることが、健全でないから、このような異常な問題が起こるのです。

本来、（大口、小口を問わず）貸付業務は銀行の仕事の範疇にあるのですが、銀行は手間暇がかかる小口貸付を敬遠し、おカネを融資するという形で、消費者金融会社をバックアップ。利ザヤを稼いできました。銀行がもっと消費者金融業務に熱心に取り組み、金利の安いおカネを個人に融資するようにしていれば、現在のような異常な事態は防げたかもしれません。

金融庁をはじめとする行政は、このような異常な事態を見逃してきたわけですが、ここにきてようやく貸金業法の改正に踏み切ったのです。

日弁連は早くからこの多重債務者問題に取り組んできました。上限金利引き下げ実現本部を設置、全国の弁護士会を通じて、今回のグレーゾーン金利撤廃運動を繰り広げてきました。実施時期が〇九年一二月に延びたことや二年半後に見直しなどの条件はつきましたが、法案の内容には九〇点をつけられると思います。

セーフティネットの強化を

——多重債務者がここまで増えた原因はなんだとお考えですか。

宇都宮　なんと言っても業界のぼろ儲け体質にあったといえます。銀行などから金利年二%程度でおカネを借りて、それを年二五~二九・二%で貸し付けるというのですから、まさに濡れ手にアワの商売です。銀行も自分の手を汚さずに儲けてきました。おカネを貸し付け、焦げ付きを防げば簡単に儲かるという構造が、多重債務者を増やしてきたと思います。

消費者金融業界やクレジットカード業界は、独自の与信管理ノウハウを持っているなどといいますが、実際はどうでしょうか。

消費者金融業者は、サラリーマンであれば給与明細書、自営業者であれば確定申告書、源泉徴収票の提出を求めた上で、貸すべきなのに、そういうことを厳密に実施している業者はほとんどいません。そんなことをすれば、無人契約機は役に立たなくなってしまいます。結局、自動車免許証や健康保険証など、自分の身分を証明するものを提示するだけで、三〇万円～五〇万円を貸し付けているのが、実情です。

与信審査は大ざっぱなもので、例えば、大手の消費者金融の与信では、三社まで借りている人には貸すが、四社以上から借りている人には貸さない。中小の消費者金融では一〇社まで借りている人なら貸してもよいと、決めています。多少貸し倒れが起こっても儲かるというような安易な考え方が、多重債務者を増やしてきたのははっきりしています。

――消費者金融業者の責任は大きいですね。

宇都宮　そうですね。消費者金融会社は「ご利用は計画的に」とか「借りすぎに注意」などといったテレビCMを朝から晩まで流して、消費者に借りすぎの注意を喚起しているつもりになっています。

しかし、本来は、テレビCMで借りすぎて、多重債務に陥っている場合は、「各地の弁護士会や司法書士会に相談してください」ということを、告知すべきなのです。ドイツやフランスなどでは、銀行が年一〇％以下の金利で小口融資を行っていて、セーフティネットもしっかり整っています。日本ではそうした情報提供や銀行の責任、セーフティネットの強化などの問題があいまいのままにされてきました。そうしたことも、多重債務者問題の解決を遅らせてきたと思います。

――グレーゾーン金利が撤廃され、おカネが借りられなくなった人たちが、ヤミ金のターゲットになる可能性もあるのではないですか。

宇都宮　そういうことは消費者金融業界の人たちがよく言うことです。ちなみに、過去一五年で見ると、出資法の上限金利は年五四・七五%から二九・二%に半減してきました。今また年二〇%以下に下がることになりますが、過去の経験から言えば、金利が下がればより所得の低い層でも返済が容易になるので借りる人は倍増してさました。ただ、利息制限法の年一五～二〇%の金利でもまだ高いので、簡単に借りると返すのが大変になります。十分に気をつけなければなりません。

また、グレーゾーン金利の撤廃へ移行する過程では、消費者金融などの貸し渋り、貸し剥がしが起こってくるでしょう。そういう局面では、現在存在している多重債務者が返済のためのおカネをヤミ金から借りるということも起こってくるでしょう。

だからこそ、セーフティネットの強化が必要になるのです。政府は内閣官房に多重債務者対策本部を立ち上げ、四月までには具体的な対策を打ち出す方針です。私も有識者会議の一員としてかかわっています。

私は、多重債務者対策本部が取り組むべき課題としては四つの課題があると思います。

①セーフティネットを強化すること。生活福祉資金の貸し付け、生活保護を拡充すること。中小零細企業の場合、国民金融公庫（現日本政策金融公庫）からの融資制度の拡充が検討されるべきです。

②多重債務者の相談窓口と相談窓口に関する情報提供を充実させること。

③ヤミ金融対策を強化すること。従来は出資法の金利規制に違反した場合の罰則は懲役五年、罰金一〇〇〇万円だったのが、新貸金業法では、年一〇九・五％を超える貸し付けの場合は懲役一〇年、罰金三〇〇〇万円とヤミ金融に対する刑罰を重くしていますので、警察はヤミ金融に対する取り締まりと摘発を一段と強化すべきです。

④都道府県、市町村に多重債務対策組織を設置すること。

相談窓口の告知の義務化を

このように政府が対策本部を設け、多重債務者の救済に乗り出したとしても、これが全ての解決策になるとは限りません。

現在、多重債務で自己破産に追い込まれた人のうち、四人に一人が無職で収入がほとんどありません。多重債務者が自己破産の道を選ぶと、ブラックリストに載り、従来のようにおカネを借りられなくなります。そうした信用情報を交換する信用情報機関には、消費者金融業界の全国信用情報センター連合会（全情連）、クレジットカード業界のＣＩＣ、銀行業界の全銀協があり、情報を交換しています。
そういう自己破産した人の問題をどうするか。低利融資制度や生活保護の充実を図る必要があります。

――グレーゾーン金利を撤廃する過程では、個人破産が激増する可能性がある。それをソフトランディングさせるためにも、政府の役割が大切だということですね。

宇都宮 グレーゾーン金利を撤廃する過程では、バブル崩壊後、銀行が企業への貸し渋り、貸し剥がしを行い、世間の顰蹙を買いましたが、それと同じことが多重債務者に対して起こる可能性があります。

多重債務者はこれまでのように返済のための借り入れが出来なくなります。自己破産に追い込まれる人も増える可能性があります。それなのに、この非常事態に、多重債務者の一～二割、四〇万人ぐらいしか弁護士会や司法書士に相談に来ていないのが実情です。大体、相談に来た人のうち年間二〇万人ぐらいが自己破産を選択し、あとの二〇万人が任意整理を選んでいます。

グレーゾーン金利撤廃の法改正を機に、もっと多くの多重債務者が弁護士会や司法書士会などに相談に来て欲しいと思います。

――政府の対策も後手に回ったということですか。

宇都宮 政府の役割は非常に大切です。ドイツなどで消費者金融問題が起こらないのは、銀行年が年一〇％以下の低利でおカネを貸しており、消費者金融の役割を果たしているからです。

消費者金融業者が多重債務者に融資を断る場合、「弁護士会などの相談窓口がある」ことを、借り手に教えることを義務づけるべきだと言えます。また、消費者金融会社が朝から晩まで放映するテレビＣＭでも、「多重債務で苦しんでいる場合の相談窓口を告知する義務」を負わせるべきだと考えます。

これまで、このような対策が行われていなかったために、二百数十万人もの多重債務者を作ってきてしまいました。その反省の上に立って、抜本的な対策を打ち出す必要があります。

――多重債務者問題の背景には、貧困の広がり、格差社会の矛盾があるわけですね。

宇都宮　政治家は多重債務者問題の深刻さをほとんど理解していません。というのも、彼らは勝ち組であり、貧困とは無縁の社会で活動しているからです。けれども、多重債務者問題の実態をレクチャーし、解決の方向を示せば彼らはよき理解者となり、協力を惜しみません。

私たちは日弁連などを通じ多重債務者問題の草の根運動を続け、約三四〇万人の金利引き下げ署名を集めてきました。そしてグレーゾーン金利の撤廃を実現したわけですが、将来的にクレジットカード業界も含めた「統一消費者信用法」をつくり、トータルな規制にしなければならないと考えています。

ＮＨＫで放映した「ワーキングプア」が大きな反響を呼びましたが、運動を通じて強く感じるのは、多重債務問題の背景に貧困の広がり、格差拡大があるということです。

多重債務者の問題の背景にある格差社会・貧困問題を改善しないと、多重債務問題も抜本的な解決にはならないということです。

二〇〇七年三月二四日に「もうガマンできない！　広がる貧困」「人間らしい生活と労働の保障を求める」と題して、東京・神宮前の東京ウイメンズプラザホールで集会を開きます。派遣・請負労働者、生活困窮フリーター、多重債務被害者、障害者、ホームレス、外国人労働者、年金・生活保護利用者などが、それぞれの立場から実態報告を行います。私が実行委員長を務めますが、このような人々のナマの声と叫びを聞いてもらいたいと思っています。

国会でも格差問題を解決しようとするのであれば、参考人として格差・貧困問題で苦しんでいる人を呼んで、ナマの声を聞けば、格差・貧困問題の深刻さがよく理解できるのではないかと考えています。

6　貸金業界の巻き返し

改正貸金業法の施行状況

深刻化する多重債務問題に対処するため、二〇〇六年一二月一三日、改正貸金業法が成立したが、その施行は、四段階に分かれて施行されることになっている。

第一段階の施行は、二〇〇七年一月二〇日に施行されており、ヤミ金融対策を強化するため、無登録営業の罰則と年一〇九・五%を超える超高金利貸付けの罰則が、五年以下の懲役または一〇〇〇万円以下の罰金から一〇年以下の懲役または三〇〇〇万円以下の罰金に引き上げられている。

第二段階の施行（「本体施行」と呼ばれている）は、二〇〇七年一二月一九日に施行されており、①法律の名称の変更②行為規制の強化③監督の強化④新貸金業協会の設立などが行われている。具体的には、これまで「貸金業規制法」と呼ばれてきた法律の名称が、「貸金業法」と改められた。また、債務者等から弁済等の時期について申し出を受けている場合においては日中に電話・訪問等により取立てを行うことを禁止する、借り手の自殺により保険金が支払われる保険契約を禁止する、公正証書作成のための委任状の取得を禁止するなどの行為規制の強化が行われている。

さらに、行政処分としては、これまで業務停止か登録抹消しかなかったが、違反行為に対し機動的に対処するため、業務改善命令が出せるようになっている。

本体施行にあわせて、新しい業界団体として日本貸金業協会が認可された。各都道府県には、同協会の支部が置かれることになる。協会は、協会員が守るべき自主規制ルール「貸金業の業務運営に関する自主規制基本規則」を定めている。

この自主規制ルールでは、毎月の返済総額が原則として顧客の月収の三分の一、年収の三六分の一を超えないようにするなどの過剰貸付け防止に関するルール、親族の冠婚葬祭時・年末年始・入院時・罹災時の取立てを禁止するなどの取立行為に関するルール、テレビCMは午前七時から午前九時までおよび午後五時から午後一〇時まで自粛する、ギャンブルや風俗情報に関する専門誌やインターネットのホームページへの広告を禁止する、などの広告に関するルールなどが定められている。

自主規制ルールを守らない業者に対しては、協会は、除名などの処分ができることになっている。

第三段階の施行は、本体施行から一年半以内に施行されることになっており、①貸金業務取扱主任者の試験制度の導入②指定信用情報機関制度の導入③貸金業者の登録要件となる最低純資産額の二〇〇〇万円への引き上げなどが行われることになっている。

第四段階の施行（完全施行）は、本体施行から二年半以内、改正貸金業法の公布（二〇〇六年一二月二〇日）から概ね三年を目途に施行されることになっており、①金利規制の強化（出資法の上限金利を年二九・二％より年二〇％へ引き下げなど）②総量規制の導入（年収の三分の一を超える貸付けの禁止など）③貸金業者の登録要件となる最低純資産額の五〇〇〇万円への引き上げなどが行われることになっている。

ただし、改正貸金業法には、第四段階の完全施行の前に、貸金需給の状況その他の経済金融情勢、貸金業者の実態等を勘案して検討を加え、その検討結果に応じて所要の見直しを行う旨の「見直し規定」が入っている。

多重債務対策に関するこの間の取り組み

サラ金の利用者は約一四〇〇万人、返済困難に陥っている多重債務者は二〇〇万人を超えると言われている。

大量に存在する多重債務者を救済するために、二〇〇六年一二月二二日に内閣官房に「多重債務者対策本部」が設置され、同対策本部は二〇〇七年四月二〇日、①丁寧に事情を聞いてアドバイスを行う相談窓口の整備・強化②借りられなくなった人に対する顔の見えるセーフティネット貸付けの提供③多重債務者発生予防のための金融経済教育の強化④ヤミ金融撲滅に向けた取締りの強化を四つの柱とする多重債務問題改善プログラムを決定している。

同改善プログラムに基づき、二〇〇七年末までに、四七都道府県すべてに弁護士会や司法書士会、被害者の会、労福協などが参加する多重債務対策協議会が設置されている。

二〇〇七年一二月には、政府の多重債務者対策本部、日弁連、日司連が共催して全国の都道府県市町村四五〇か所で、弁護士九三〇人、司法書士五〇〇人が参加した「全国一斉多重債務者相談ウィーク」が実施され、六〇〇〇件を超える相談を受け付けている。

サラ金系の信用情報機関である全情連の登録情報によれば、五社以上借り入れのある者は、二〇〇七年二月段階では一七六万八〇〇〇人であったが、二〇〇七年一〇月段階では一三八万六〇〇〇人となっており、八か月間に四〇万人近く減少してきていることが明らかとなっている。このことは、この間の取り組みによって多重債務者が着実に救済されていることを示すものと言える。

多重債務対策に関しては、①全ての多重債務者を一人残らず救済するための相談窓口の一層の充実強化②ヤミ金融を完全に撲滅するためのヤミ金融対策の強化③低金利の公的融資制度や生活保護制度などのセーフティネットの強化などがこれからの重要課題となってきている。

見直し規定に期待する貸金業界の巻き返しの動き

貸金業界は、改正貸金業法完全施行前の見直し規定に期待して、このところ政府与党やマスコミに働きかけるなど巻き返しの動きを強めている。

特に最近では、アメリカのサブプライムローン問題に端を発する景気後退現象をとらえて、景気後退を貸金業法改正のせいにする論調が目立ってきている。

これらの貸金業界の動きを反映したものが、「貸金業法の改正　景気減速に棹さす恐れ」と題する二〇〇七年一二月三一日付北國新聞の社説であり、竹中平蔵、木村剛などが出演して、「ノンバンクの金利規制を行ったのは間違いであった。法律で金利規制を行った結果、貸金業者が中小企業に融資しなくなったので、中小企業倒産が相次いでいる」などと発言した、二〇〇八年二月三日のテレビ朝日の番組「サンデープロジェクト」であり、建築基準法、貸金業法、金融商品取引法などの過度の規制強化によって日本経済が低迷しているという石川和男の主張を掲載した「日本経済の低迷、過度な規制強化見直せ」と題する二〇〇八年二月二八日付読売新聞「論点」の記事である。

私達は、これらの記事や発言に適確に反論するとともに、改正貸金業法をスムーズに完全施行させる環境を作るためにも、今後、ヤミ金対策の強化、セーフティネットの強化などの取り組みを強める必要がある。

7　感動をありがとう

私達の高金利引き下げ運動は、歴史的勝利を勝ち取った。今回の運動は、参加した一人ひとりに大きな感動を与えた。一人一人の力は小さいけれど、皆の力を合わせれば大きな力となり、世論を動かし、ついには国を動かすことができることを運動に参加した皆が経験することができた。

二〇〇六年は、長いクレサラ運動の中でも記念すべき年、皆の心に残る年となった。私は、二〇〇六年一二月一日還暦を迎えたが、新貸金業法の成立は、還暦の素晴らしいお祝いとなった。二〇〇六年一二月一三日に成立した新貸金業法は、金利規制に関しては一九五四年以来の大改革、貸金業規制に関しては一九八三年以来の大改革となるものであった。

私達の金利引き下げ運動が歴史的勝利を収めることができた要因としては、①次々と出された「みなし弁済規定」（グレーゾーン金利）を否定する最高裁判決が追い風となったこと、②弁護士、司法書士、被害者団体にとどまらず、労働団体や消費者団体にまで運動が広がり幅広いネットワークが形成されたこと、テレビではワイドショーで金利引き下げ問題やグレーゾーン金利問題を取り上げ、一般の市民もグレーゾーン金利や過払金返還請求権などを知るようになったこと、④このような運動の広がり・世論の動きを踏まえて、徹底した政党国会議員対策・

金融庁有識者懇談会対策を行い、自民党の中にも金利引き下げに理解を示す議員グループが形成されたこと、などがあげられる。

私達は、今から一二〇年前に高利貸しに反対して蜂起した秩父困民党の闘いを映画化した「草の乱」を見て、蜂起した農民に大きな勇気をもらいながら金利引き下げ運動を続けた。その後の椋神社からのマラソンリレーやお礼参りに見られるように、一二〇年前の秩父困民党事件は、私達の運動の原点となった。

一二〇年前の農民の意思を受け継いだ私達の「平成草の乱」は、大きな勝利を勝ち取った。秩父困民党の蜂起では、一二人が死刑判決を受け、三〇〇〇人以上の人が処罰されたが、「平成草の乱」では、マラソンリレーで若干名が足を挫いたが、逮捕者は一人も出さなかった。

遅々としてではあるが、先人の多くの犠牲の上に私達の社会にも民主主義が根付いてきていることを感じた運動であった。

与党が利息制限法の改悪と特例高金利の撤回を決めた二〇〇六年一〇月二四日の午後二時ごろ、私は電話で毎日新聞の若い女性記者からコメントを求められた。当初は、金利引き下げ問題をめぐる一般的な情勢についての取材かと思ったが、よく聞いてみると与党が利息制限法の改悪と特例高金利を撤回したことについてのコメントを求めたいということだった。毎日新聞の若い女性記者から与党の決定を聞いた時、私は胸が一杯になり、しばし言葉が出なかった。

予想もしなかったあまりにも突然の出来事であったことと、私達の運動がついに与党を動かしたんだという思いで胸が一杯になったからである。

五七〇人が参加した三月四日の集会とデモ、六五〇人が参加した六月一五日の集会、一〇月一一日の三四〇万人分の金利引き下げ署名の国会提出、一〇月一七日の日比谷公園野外音楽堂における二〇〇〇人の決起集会と国会包囲デモ、全国キャラバン活動と全国各地での集会やシンポ、椋神社からのマラソンリレーなど、一緒に闘ってきた弁護士、司法書士、被害者の会、労働組合、消費者団体の仲間の顔、自民党や金融庁の中で頑張ってくれた国会議員やスタッフの顔などが次々と浮かんできて、胸が一杯になった。

新貸金業法の成立とともに、今回の金利引き下げ運動の大きな財産となったのは、運動が広がり、幅広いネットワークが形成されたことだ。これまでの運動は、どちらかといえば弁護士、司法書士、被害者団体が中心であったが、今回の金利引き下げ運動は、労働団体や消費者団体、労働金庫、日弁連、日司連、全青司などとの幅広いネットワークが形成された。このネットワークをこれからも大切にしていかねばならない。

金利規制と過剰貸付規制を大幅に強化する新貸金業法を成立させたことにより、多重債務問題の解決、高金利被害者の根絶に向け大きな突破口が開かれたと思う。

しかしながら、多重債務問題の背景には、わが国社会に広がりつつある格差・貧困問題があることを忘れてはならない。多重債務問題を根本的に解決しようとすれば、私達は広がりつつある格差・貧困問題の解決に乗り出さねばならない。

格差・貧困問題は、わが国の直面する最大の社会問題であり、この問題の解決を目指す運動は、「平成の世直し運動」とも言える運動になると思う。

最後に、高金利引き下げ全国連絡会の事務局長として活躍した井口鈴子司法書士、日弁連上限金利引き下げ実現本部の事務局長として活躍した新里宏二弁護士、中央労福協の事務局次長として活躍した北村祐司さん、長年にわたり労働金庫においてクレ・サラ問題に取り組み、「クレ・サラの金利問題を考える連絡会議」立ち上げに際しても影の立役者となった労働金庫協会の千原茂昭さんと勝又長生さんのご苦労に深く感謝したいと思います。また、クレ・サラ対協・被連協・全青司の皆さんをはじめ高金利引き下げ運動に参加した一人ひとりの皆さんに対して深く感謝したいと思います。

二〇〇六年の素晴らしい感動を有難う!!　たくさんの思い出を有難う!!

4章　反貧困ネットワーク

1　反貧困ネットワークの結成

反貧困ネットワークは、人間らしい生活と労働の保障を実現し貧困問題を社会的・政治的に解決することを目的として、ホームレス、フリーター、派遣労働者、シングルマザー、障害者・病者、DV被害者、多重債務者、生活保護受給者などの貧困当事者や支援者が、それぞれの抱える問題の枠を超え、また、政治的立場を超えて結成されたネットワークである。ネットワークには、派遣労働者やフリーターの労働組合関係者のほか、連合や全労連の関係者も個人の資格で参加している。

反貧困ネットワークが結成されるきっかけとなったのは、二〇〇七年三月二四日に開催された「もうガマンできない！　広がる貧困——人間らしい生活と労働の保障を求める三・二四東京集会」である。

この集会では、派遣請負労働者、生活困窮フリーター、多重債務者、シングルマザー、DV被害者、障害者・病者、ホームレス、生活保護受給者などさまざまな立場の九人の貧困当事者が貧困の実態について勇気を出して報告した。一人ひとりの当事者の報告は、わが国で広がっている貧困の実態を鋭く告発し、集会参加者の胸を打った。この集会には、定員二五〇人の会場に定員を大幅に上回る四二〇人もの人々が参加し、集会はマスコミにも大きく報道されて大きな反響を呼んだ。

三・二四東京集会の実行委員会は、集会後、貧困が広がり深刻化しているわが国社会の現状に照らし、貧困問題を解決するためには、個々の当事者や支援者が抱えている問題の枠を超え、また、それぞれの政治的立場を超えて、「反貧困」という一点で結びついた恒常的な組織が必要であると考え、「反貧困ネットワーク準備会」を結成した。

反貧困ネットワーク準備会は、参議院選挙前の二〇〇七年七月一日、「もうガマンできない！ 広がる貧困〜人間らしい暮らしを求めてつながろう七・一東京集会」を開催し、「貧困問題に取り組まない政治家はいらない！」をアピールする七〇〇人規模の集会とデモを行った。

そして、二〇〇七年一〇月一日、人間らしい生活と労働の保障を実現し貧困問題を社会的・政治的に解決することを目的として、反貧困ネットワーク（代表宇都宮健児、事務局長湯浅誠）が結成された。

反貧困ネットワークは、二〇〇七年一一月二七日、衆議院第二議員会館内で院内集会「もうガマンできない！ 広がる貧困――私たちの生活を守ってくれる政治家はいませんか？」を開催し、生活保護基準引き下げ反対、日雇い派遣・登録型派遣の禁止、マージン率規制などを内容とする労働者派遣法の改正、障害者自立支援法の見直しなどをアピールした。この院内集会には、自民党、公明党、民主党、共産党、社民党、新党日本、無所属の国会議員一四人と国会議員の秘書八名が参加している。

また、反貧困ネットワークは、二〇〇八年三月二九日、都内の千代田区立神田一橋中学校を借りて、「反貧困フェスタ二〇〇八――貧困をどう伝えるか」を開催した。この集会には、九〇〇を超える団体が参加し、中学校の教室や体育館、校庭などを利用して、さまざまなシンポジウムや講演会、映画祭、音楽祭、労働相談、生活相談、医療・健康相談、物品販売、飲食模擬店、貧困ジャーナリズム大賞の発表などが行われた。この反貧困フェスタには、主催者の予想を大きく上回る一六〇〇人を超える人々が参加し、大きな反響を呼んだ。

さらに、反貧困ネットワークは、生活保護問題対策全国会議、労働者福祉中央協議会（中央労福協）などの関係者と二〇〇八年四月一六日、「人間らしい労働と生活を求める連絡会議」（通称・生活底上げ会議）を結成している。

反貧困ネットワークは、現在、生活保護問題対策全国会議、生活底上げ会議、高金利引き下げ全国連絡会、全国クレジット・サラ金問題対策協議会、全国クレジット・サラ金被害者連絡協議会などと協力して、「反貧困全国キャラバン二〇〇八――人間らしい生活と労働の保障を求めてつながろう！」を行っている。反貧困全国キャラバンは、全国各地にキャラバンカーを走らせて反貧困をアピールするとともに全国各地に反貧困ネットワークの結成を呼びかけている。全国キャラバンのゴールが予定されている一〇月一九日には、反貧困ネットワークが中心となって、東京・明治公園で「反貧困世直しイッキ大集会――垣根を越えてつながろう！」（仮題）を開催する準備が進められている。

反貧困ネットワークでは、貧困問題は確かにあるのにないと思われている〝お化け〟のような存在であるため、貧困のお化けをデザインした「ヒンキーグッズ」をイベント会場などで販売し、貧困問題を社会的にアピールしている。特に「反貧困バッジ」（ヒンキーバッジ）は評判がよくたくさん売れている。

また、「反貧困」「ヒンキー」のロゴ（シンボルマークと字体）は、反貧困ネットワークの活動だけでなく、このところ行われている反貧困関係の活動でもよく使われるようになっており、現在行われている「反貧困全国キャラバン二〇〇八」でも「反貧困」「ヒンキー」のロゴが使われている。

貧困は人間の尊厳を奪い去り、ときには命さえも奪い去る。貧困の広がりは、わが国社会を分裂させ崩壊させる危険性がある。

貧困問題は、貧困当事者だけの問題ではない。同じ社会に住むすべての人々の問題である。貧困が広がる社会は、誰もが人間らしく安心してくらせる社会とは言えない。貧困のない社会はすべての人々にとって生きやすい社会である。

したがって、貧困問題を解決するには、貧困当事者以外の人々にも貧困の実態をきちんと伝え、貧困の実態を皆で共有するとともに、貧困問題の解決に向けての社会的連帯と合意を獲得することが大切だと考える。

貧困問題を解決するには、イデオロギーや政治的立場を超えた消費者運動、労働運動、社会保障運動の連携・連帯がこれまで以上に重要となってきている。

私達は、二年前、多くの人々の力を結集してグレーゾーン金利を撤廃させるという画期的な貸金業法の改正を勝ち取り、多重債務問題という大きな山を動かすことができた。今度は、反貧困のネットワークを全国に広げ、力を合わせて貧困という大きな山を動かそうではないか。

2　労働運動に期待する

働く貧困層（ワーキングプア）・非正規労働者の増加

総務省の労働力調査によると、今年一〜三月平均でパート・アルバイト・派遣労働者などの非正規労働者は過去最多の一七二六万人に達し、労働者全体に占める割合も三三・七％と過去最高となっています。一〇年前より非正規労働者は五七〇万人増え、逆に正規労働者は四二〇万人減少しています。

非正規労働者の平均年収は、正規労働者の約五割にとどまっており、二〇〇六年の労働力調査では、年収二〇〇万円未満の非正規労働者は一二六〇万人に上り、非正規労働者全体の七七％を占めているということです。

厚労省による初の実態調査で、二〇〇七年八月二八日、住居がなくネットカフェや漫画喫茶などに寝泊りする「ネットカフェ難民」は約五四〇〇人に上ることが明らかになっています。ネットカフェ難民の大半は、アルバイトや日雇い派遣など不安定な雇用を余儀なくされている非正規労働者であったということです。

貧困問題を解決する上で労働運動が果たす役割は大きい

貧困や格差の拡大問題は、わが国最大の社会問題であり、重大な人権問題となっています。わが国で広がる貧困問題を解決する上で、労働運動は大きな役割を果たすことができると思います。わが国の貧困問題の解決のためにまず重視されなければならないのが、生活保護をはじめとする社会保障制度の充実とともに、働く貧困層（ワーキングプア）・非正規労働者の待遇改善であるからです。

春闘で事実上の最低賃金引き上げを

働く貧困層（ワーキングプア）・非正規労働者の待遇改善のために、まず最低賃金制度を見直し、最低賃金を大幅に引き上げることが求められています。

しかしながら、二〇〇七年九月七日、厚労省が発表した都道府県別の最低賃金額の改定額（時給）によれば、最も高い東京都は時給七三九円、最低の秋田、沖縄県は時給六一八円で、全国の平均は時給六八七円ということです。都道府県のうち北海道、宮城、埼玉、東京、神奈川、京都、大阪、兵庫、広島は、最低賃金が生活保護より低くなっています。

日本の最低賃金は、フランス一三〇八円、英国一二七七円などと比べても大きく下回り、先進国では最低水準にあります。ワーキングプアと呼ばれる働く貧困層を減らすためには、少なくとも全国どこでも生活保護基準を上回るように最低賃金を引き上げるようにすべきです。

春闘では、少なくとも全ての都道府県において、事実上生活保護基準を上回る賃金を獲得することが期待されます。さらに、人間らしい生活を送るには、全国的に時給一〇〇〇円以上に賃金を引き上げることが求められています。

非正規労働者の待遇改善を

次に、春闘の闘いを通じて、パート、アルバイト、派遣労働者などの非正規労働者の待遇改善を勝ち取ることが大切です。

非正規労働者の平均年収は、正規労働者の約五割に止まっており、非正規労働者の約八割が年収二〇〇万円未満に止まっているからです。

基本的に非正規労働者と正規労働者の均等待遇を実現する同一労働同一賃金制度の確立が求められています。この他、非正規労働者の有給休暇の取得、交通費の支給、ボーナスの支給、派遣会社のデータ整備費等の名目によるピンハネの禁止などの取り組みが求められます。

そのためにも、パート・アルバイト・派遣労働者などの非正規労働者の組織化を図るとともに、正規労働者で組織されている労働組合が、同じ職場で働いているパート・アルバイト・派遣労働者など非正規労働者の待遇改善を要求して闘うことが求められています。

派遣労働の規制強化を

さらに、非正規労働者の正規労働者化を図る一方で、非正規労働者を増加させる大きな要因となってきた労働者派遣法の規制を強化するなど、労働分野における規制緩和政策を改めさせる必要があります。特に、非人間的な労働形態である日雇い派遣・登録型派遣については、原則禁止させる必要があります。

このような労働法規の改正を求める運動も、春闘を通して大きく前進させる必要があります。

3　全国民的ネットワークの形成――中央労福協、連合との連携

歴史的勝利を収めた要因

二〇〇六年一二月一三日、画期的な新貸金業法（貸金業規制法、出資法、利息制限法等の改正法）が成立した。新貸金業法は、金利規制に関しては一九五四年以来の大改革、貸金業規制に関しては一九八三年以来の大改革となっている。

わが国の貸金業界やアメリカ政府が強力な金利引き下げ反対運動を展開したにもかかわらず、私達の金利引き下げ運動が歴史的勝利を収めることができた要因としては、①相次いだ「みなし弁済規定」（グレーゾーン金利）を否定する最高裁判決が追い風となったこと、②高金利引き下げ運動が弁護士や司法書士、被害者団体だけにとどまらず、労働団体や消費者団体にまで運動が広がり、幅広い国民的なネットワークが形成されたこと、③運動の広がりと盛り上がりが世論を動かしたこと、④運動の広がりと世論を踏まえて徹底した政党・国会議員対策を行い、自民党の中にも金利引き下げに理解を示す議員グループが形成されたこと、などがあげられる。

このような勝利の要因の中でも、決定的であったのが、私達の高金利引き下げ運動が労働団体や消費者団体にまでウイングを広げ、幅広い全国民的なネットワークを形成させることができた点にあると思う。

幅広い国民的なネットワークを形成する上で重要だったのが、日弁連における上限金利引き下げ実現本部の設置と労福協、連合との連携であったと思う。

「クレ・サラの金利問題を考える連絡会議」の結成

二〇〇三年七月二五日「ヤミ金融対策法」(貸金業規制法と出資法の一部改正法)が成立した際、出資法の上限金利の見直しは先送りされ、二〇〇七年一月を目途に見直されることになった。

貸金業界は、司法における不利な流れを法改正で逆転させようとして、みなし弁済規定の要件の緩和、出資法の上限金利の年二九・二%から年四〇・〇〇四%への引き上げを当面の運動目標とするとともに、将来的には金利規制そのものの撤廃・自由化を目指して政界に対する働きかけを強めていた。また、アメリカ政府も日本政府や与党に対し、アメリカ系のサラ金レイクやＣＦＪ、大手サラ金の株を購入しているアメリカ系投資ファンドなどの意向を受けて、金利引き下げ反対の圧力を強めていた。

郵政選挙といわれた二〇〇五年九月一一日の衆議院選挙では、貸金業界寄りの議員が多いと思われていた自民党の圧勝で、金利引き下げ運動の前途には大きな困難が立ちはだかっているように思えた。

このような当時の情勢では、従来にも増して、私達の運動を強化するとともに、運動のウイングを大きく広げ全国民的な運動を組織することが求められていた。

このような時、労働金庫協会の千原義昭さんと勝又長生さんから私のもとに、中央労福協が金利引き下げ運動に関心をもっており、クレサラの金利問題に取り組む組織を作るので、私に代表世話人になってもらえないかという話が持ち込まれた。

私は、それまで中央労福協という組織はよく知らなかったが、中央労福協の会長は前連合会長の笹森清氏であり、連合が中央労福協の構成メンバーにもなっており、中央労福協が動き出せば連合にも大きな影響を与えることがわかったので、すぐにこの申し入れを承諾した。

この話はとんとん拍子に進んで、二〇〇五年一二月七日に中央労福協と私が呼びかけ人となって、「クレ・サラの金利問題を考える連絡会議」を発足させた。

クレ・サラの金利問題を考える連絡会議の構成メンバーは、以下のとおりである。

代表世話人　宇都宮健児　弁護士
　　　　　　菅井　義夫　中央労福協事務局長
委　　員　　木村　裕士　連合総合政策局長
　　　　　　柴田　武男　聖学院大政治経済学部教授
　　　　　　新里　宏二　弁護士
　　　　　　小澤　吉徳　司法書士
　　　　　　井口　鈴子　司法書士
　　　　　　中里　功　　司法書士

池田　晴夫　UIゼンセン同盟副書記長、ろうきん運動中央推進会議副議長
越川　利勝　運輸労連副委員長
樋口　和寿　フード連合・全たばこ労組
山田　英郎　日本消費者協会参与
本多　良男　被連協事務局長
村上扶實子　生活サポート生活協同組合・東京
勝又　長生　労金協会広報渉外部推進役
鈴木　利徳　農林中金総合研究所取締役調査第一部長

クレ・サラの金利問題を考える連絡会議は、二〇〇五年一二月七日第一回の会議を開催した後、二〇〇七年一月末まで毎月一回計一四回会議を開催している。

委員の一人である木村裕士連合総合政策局長は、金融庁の「貸金業制度等に関する懇談会」の委員でもあったので、連絡会議は金融庁の懇談会対策という視点からも有意義な会議となった。

高金利引き下げ全国集会とデモ行進

クレ・サラの金利問題を考える連絡会議の結成が大きな成果を収めた最初の取り組みが、「三・四高金利引き下げ全国集会」である。

金利問題をめぐる情勢が徐々に緊迫していく中、二〇〇五年三月四日午後一時より都内千代田区霞が関の「灘屋ホール」で、高金利引き下げ全国連絡会の主催、クレ・サラの金利問題を考える連絡会議、中央労福協の共催、全国消団連の後援で「高金利引き下げをめざす全国集会〜多重債務社会を打ち破ろう！」が開催され、全国各地から五七〇人を超える弁護士、司法書士、学者、被害者団体、労働団体、消費者団体関係者が参加し、五〇〇人の会場は満杯となった。中央労福協、労働団体からは約一六〇人が参加した。

集会では、パネルディスカッションに中央労福協の菅井事務局長も参加し、中央労福協の取り組みについての報告と決意表明を行っている。

集会後、連合の宣伝カーを先頭にデモ行進を行ったが、デモ行進の時に使用した幟旗の竿二五〇本はヤマト運輸労組から高金利引き下げ全国連絡会に寄贈されたものである。

メーデー会場での署名活動

二〇〇六年四月二九日開催された第七七回メーデー中央大会では、メーデー参加者に配布されたメーデー宣言のチラシの中に、中央労福協からの署名協力のお願いが併せて掲載され、中央労福協は会場内で署名活動を行っている。

地方労福協の取り組み

各都道府県には一つずつ地方労福協の組織がある。地方労福協は、中央労福協の呼びかけに応じて、金利引き下げを求める署名活動、自治体での意見書採択をはじめ、各地でセミナー、集会、街頭での宣伝活動・署名活動などの取り組みを行った。また、弁護士会や司法書士会、高金利引き下げ全国連絡会と連携しながら、集会や署名活動、キャラバン活動を行った地方労福協・地方連合も多かった。

国民代表者集会を開催

二〇〇六年五月一八日午後五時から、参議院議員会館において、中央労福協とクレ・サラの金利問題を考える連絡会議が呼びかけて「貸金業のグレーゾーン撤廃と高金利引き下げを実現する国民代表者集会」を開催した。集会には国会議員五九名（代理出席二六名を含む）をはじめ、弁護士、司法書士、組合役員など一六〇名が参加した。

この集会では、自民党、民主党、公明党、共産党、社民党、国民新党の代表が参加し挨拶をした。主催者を代表して挨拶した笹森清中央労福協会長は、「六党が勢揃いした集会は極めて稀だ。悲惨な被害をこれ以上生み出してはいけない。格差社会の流れを止めるのが高金利引き下げ運動と位置づけ、労福協はその先頭に立つ」と決意表明を行っている。

三四〇万人の署名を国会に提出

二〇〇六年一〇月一一日、約三四〇万人分の金利引き下げ署名を国会に提出した。内訳は、中央労福協二八六万八二七三筆、高金利引き下げ全国連絡会二九万八四九五筆、日弁連二三万四一八七筆、合計三四〇万九五五筆となっている。

高金利引き下げ全国連絡会は、金利引き下げ一〇〇万人署名を呼びかけていたが、労福協や連合の署名活動への参加がなかったら、達成はなかなか困難であったろうと思われる。

国会に金利引き下げ署名を提出した二〇〇六年一〇月一一日午後一二時、参議院議員会館内で「サラ金の高金利引き下げを実現する国民代表者集会」が、中央労福協、高金利引き下げ全国連絡会、クレ・サラの金利問題を考える連絡会議、日弁連の四団体の呼びかけで開催された。

この集会には、自民、公明の与党議員を除く、全党の衆参両議院をはじめ連合傘下の労働組合員、弁護士、司法書士、被害者団体など約二〇〇人が参加し、例外なき金利引き下げを訴えた。

この集会では、民主党、共産党、社民党、公民新党、新党日本の議員が挨拶したほか、笹森中央労福協会長、高木剛連合会長も挨拶した。

集会後、四団体の代表が横路衆議院副議長を副議長室に訪ね、要請を行った。

地方議会における意見書採択運動

地方議会における金利引き下げ意見書の採択運動は、当初全青司が中心となって行っていたが、途中から地方労福協や地方連合も加わり、六～九月議会にかけて一気に加速した。

最終的には、四三都道府県一一三六市町村議会で金利引き下げを求める意見書が採択され、法改正に大きな影響を与えることになったが、この運動でも労福協や連合の参加が大きかったと思う。

全国民的なネットワークの形成は私達の運動の大きな財産

今回の私達の高金利引き下げ運動の大きな成果は、画期的な新貸金業法を成立させ歴史的な勝利を勝ち取ったこととともに、全国民的なネットワークを形成させることができたことである。

これまでの運動は、どちらかといえば弁護士、司法書士、被害者団体が中心となった運動であったが、今回の高金利引き下げ運動は、中央労福協や連合との連携に象徴されるように、労働団体や消費者団体、労働金庫、日弁連、日司連、全青司などとの全国民的ともいってよい程の幅広いネットワークが形成された運動であった。

この国民的ネットワークの形成という大きな財産は、これからも大切に維持発展させていかねばならないと思う。

高金利引き下げ運動で形成された国民的ネットワークは、早速間近に迫った割賦販売法改正運動に生かされている。

4　広がる貧困と反貧困運動――年越し派遣村から見えてきたもの

(1)「年越し派遣村」から見えてきたもの

年末から年始にかけて東京・日比谷公園に出現した「年越し派遣村」は、日本社会に大きな衝撃を与えた。

派遣村には、派遣切りで仕事を失い、寮や社宅を追い出され、野宿を余儀なくされた労働者など五〇五人が入村した。

派遣村村民の大半が、所持金がわずか数百円、数十円という人であった。中には所持金が全くなく三日間水だけ飲んで生きてきたという人もいた。村民の中には、茨城県や静岡県から歩いて派遣村にたどりついたという人や、失業を苦に飛び降り自殺をしようとしたところを保護され、警察官に付き添われて派遣村に来た人もいた。

最新の厚生労働省の調査結果によれば、二〇〇八年の一〇月から二〇〇九年の三月末までの半年間に職を失ったか、失うことが決まっている派遣などの非正規労働者は、一五万七八〇六人に上ることが明らかとなっている。また、業界団体の試算では、製造業で働く派遣や請負労働者の失業は、三月末までに四〇万人に達する見通しであるということである。もともと労働者派遣制度は、多様な働き方を求める労働者のニーズに応えるという美名のもとに導入された制度であるが、その本質は、企業の利益追求のために、労働コストの削減と手軽な雇用調整弁としていつでも簡単に労働者の首を切るための制度であったことが、今回の大量派遣切りや派遣村で明らかになったと言える。

派遣村は、また、これまで日本社会にないと思われてきた「貧困」を可視化した。派遣村は、仕事を失えば、いきなり住まいも失って路上に放り出され、たちまち生存の危機に瀕する人々が大量に生み出されているという日本社会の貧困の実態を明らかにした。

さらに、派遣村は、日本社会のセーフティネットの脆さも明らかにした。派遣切りで路上生活を余儀なくされた労働者に対し、有効に機能するセーフティネットとしては、現在のところ結局生活保護制度しかないことが明らかになった。

(2) 日本中に貧困が広がっている

アメリカに次ぐ貧困大国日本

わが国社会では貧困が確実に広がってきており、日本は先進国では既に米国に次ぐ貧困大国となってきているのである。

ＯＥＣＤ（経済協力開発機構）が二〇〇六年七月二〇日に発表した「対日経済審査報告書」によれば、可処分所得が全人口の中央値の半分以下でしかない人の割合を示す「相対的貧困率」は、ＯＥＣＤ加盟国のうち適切な統計が得られて相対的貧困率が判明した一七か国中、日本は米国に次いで二番目に高くなっている。

ＯＥＣＤの報告書によれば、日本の子どもの貧困率（可処分所得が全人口の中央値の半分以下の所得しかない家庭のもとで暮らしている子どもの割合）は一四・三％であり、この数値はＯＥＣＤ諸国の均に比べて高くなっており、特にひとり親家庭では五七・九％と高い水準にある。

子育て世帯を支える社会保障が脆弱であるために、貧困が子どもにまで拡大しているのである。子どもの貧困の拡大は、「貧困の連鎖」を生む大きな要因となっている。

脆弱な社会保障制度

わが国で貧困が拡大する大きな要因となってきたのが、脆弱な社会保障制度とワーキングプア（働く貧困層）の拡大である。もともと日本は、他の先進国と比較すると社会保障がきわめて脆弱であった。国にかわってセーフティネットの役割を果たしてきたのが、家族、地域社会、企業の福利厚生であったが、今ではこうした日本型セーフティネットは機能不全に陥るか著しく縮小してきている。それを強く後押ししたのが、一連の規制緩和政策であり小泉構造改革であった。

日本社会の貧困化が進む中で、生活保護受給世帯は、二〇〇八年四月には一一二万世帯、生活保護利用者は一五六万人となり、一〇年間で四六万世帯、六一万人増加している。しかしながら、生活保護制度に関しては、制度を利用し得る人のうち現に制度を利用できている人が占める割合を示す「捕捉率」は、ドイツでは七〇％以上、イギリスでは八〇％を超えているということであるが、日本の捕捉率は約一六〜二〇％と推計されている。仮に日本の「捕捉率」を二〇％と見積もったとしても、現に生活保護を受給している世帯数から計算すると、およそ四四八万世帯が生活保護を受給する権利があるのに漏れ落ちているということになる。

さらに、生活保護の現場では、「水際作戦」「硫黄島作戦」と呼ばれる違法・不当な運用が全国的に横行している。

二〇〇七年七月一〇日、北九州市小倉北区において、生活保護を打ち切られた五二歳の男性の一部ミイラ化した遺体が発見された。男性の日記には「働けないのに働けと言われた」と記され、日記の最後には、「ハラ減った。オニギリ食べたい」と記されていた。

生活保護制度に関しては、このほか、老齢加算に続いて母子加算が削減・廃止、さらに生活保護基準の切り下げも検討されるなど、制度が危機に瀕している。

このような生活保護制度の改悪の背景には、この間の政府の社会保障費抑制政策がある。小泉内閣が二〇〇六年に策定した「経済財政運営と構造改革に関する基本方針(骨太の方針)」では、社会保障費を五年間で一・一兆円削減する方針が決定され、以後毎年社会保障費が二二〇〇億円ずつ削減されてきている。

規制緩和政策によりワーキングプア（働く貧困層）が拡大

日本中に貧困が広がる大きな要因となってきたのが、脆弱なセーフティネット、社会保障の機能不全に加えて、働いても人間らしい生活を営むに足る収入を得られないワーキングプア（働く貧困層）の拡大である。年収二〇〇万円以下で働く民間企業の労働者は、一九九五年には七九三万人であったが、二〇〇六年には一〇〇〇万人を超え一〇二三万人にまで増加している（国税庁二〇〇六年分民間給与実態統計調査）。

ワーキングプア拡大の大きな要因となってきたのが、新自由主義・市場中心主義的な考え方に基づき日本政府が進めてきた構造改革政策により労働分野の規制緩和が進められ、非正規雇用が急増したことである。

日経連は、一九九五年、「新時代の『日本的経営』」と題した報告書をまとめ、従来の日本型雇用システムを転換させ、終身雇用の正社員を基幹職に絞り込み、専門・一般職は昇給、退職金、年金がない有期雇用の非正規社員にシフトする雇用改革を明らかにした。

これと連動するように、一九九九年、労働者派遣法が改正され派遣対象業種が自由化され、それまでの二六業種に限定していたポジティブリスト方式から、港湾運送、建設、警備、医療関係、製造業務以外につき原則解禁となるネガティブリスト方式へと大きく変容し、さらに、二〇〇三年改正により、派遣対象業務が製造業務にまで拡大され、業務によって派遣受入期間が延長された。

このような労働分野の規制緩和が進む中で、企業は、大規模なリストラを断行して正規雇用を減らし、パート、アルバイト、契約社員、派遣・請負労働者といった多様な形態の非正規雇用への置きかえを急激に進めていった。

その結果、総務省の二〇〇七年就業構造基本調査によると、二〇〇七年におけるパート、アルバイト、派遣労働者などの非正規労働者は過去最多の一八九三万人に達し、労働者全体の三五・五％と過去最高となっている。今や労働者のうち三人に一人以上が非正規労働者となっているわけである。

増大した非正規労働者の賃金水準は、正規労働者を大きく下回っており、平均現金給与月額で二〇万九八〇〇円と正規労働者の六割で、特別給与を考慮すると五割の水準にとどまっている（厚労省二〇〇七年賃金構造基本統計調査）。

(3)　貧困問題を解決するための当面の課題

貧困問題を解決するためには、当面ワーキングプア対策の強化と生活保護制度をはじめとするセーフティネットの強化が求められている。

ワーキングプア対策の強化

ワーキングプア対策としては、まず、最低賃金を大幅に引き上げることが求められている。現在のところ三一都道府県の最低賃金は、生活保護水準より低くなっているが、少なくとも全国どこでも生活保護基準を上回るように最低賃金を引き上げるようにすべきである。

次に、正規労働者と非正規労働者との間の均等待遇（同一労働同一賃金）を確立する必要がある。さらに、労働者派遣法の抜本的改正が求められている。

深刻な派遣切り被害の実態を考えれば、日雇い派遣・登録型派遣の禁止、派遣会社が取得するマージン率の上限規制、違法派遣・期間経過後の派遣・偽装請負などにおいて直接雇用をしたものとみなす「みなし規定」の導入などを含む労働者派遣法の抜本的な改正が求められている。

最後に、雇用保険制度の改善、利用しやすく効果的な職業訓練、職業教育制度を確立する必要がある。

セーフティネットの強化

セーフティネットを強化するためには、まず生活保護制度を充実し運用を改善させていく必要がある。

水際作戦と呼ばれる窓口規制をやめさせ、生活保護制度をもっと利用しやすい制度にしていく必要がある。また、老齢加算や母子加算の削減・廃止を撤回させ、生活保護基準の引き下げを阻止しなければならない。

当然のことであるが、この間政府が進めてきた社会保障費年二二〇〇億円の削減方針は撤回させねばならない。

次に、低所得者層に対する無利息又は低金利の公的融資制度を充実させるため、社会福祉協議会による生活福祉資金貸付制度、自治体による母子寡婦福祉貸付金制度、労働金庫による自治体提携社会福祉資金貸付制度などを充実する必要がある。さらに、公営低家賃住宅の大量供給が求められている。人間らしい生活と仕事をする上で、安心して住める住居は欠かせないものである。

最後に、高等教育の無償化が求められている。貧困の連鎖を生まないためにも、貧困家庭で育った子どもにも高等教育を保障する必要があるからである。

(4) 反貧困ネットワークの結成と反貧困運動の広がり

わが国では貧困が確実に広がってきており、先進国の中では米国に次ぐ貧困大国となっているにもかかわらず、わが国では、これまで貧困問題に焦点をあてた議論はあまりなされてこなかった。

そこで、私たちは、二〇〇七年一〇月一日、貧困の実態を告発することにより貧困を顕在化させ、貧困問題を社会的・政治的に解決することを目指して反貧困ネットワーク（代表宇都宮健児、事務局長湯浅誠）を結成した。

反貧困ネットワークには、ホームレス・フリーター・派遣労働者・シングルマザー・障害者・病者・多重債務者・生活保護受給者などの貧困当事者や支援団体の支援者が、それぞれの抱える問題の枠を超えて参加してきている。反貧困ネットワークは、貧困問題を解決するために、政治的・イデオロギー的立場を超えてつながることを重視している。反貧困ネットワークには、労働組合のナショナルセンターである連合や全労連の関係者も個人の資格で参加している。現在、東京に続き、全国各地で反貧困ネットワークを結成する動きが出てきている。

反貧困ネットワーク以外にも、この間貧困に抗する市民運動が着実に広がってきている。二〇〇七年六月には、これまでクレサラ問題・多重債務問題に取り組んできた弁護士や司法書士、被害者団体などが中心となって「生活保護対策全国会議」が結成されている。二〇〇八年四月一六日には、反貧困ネットワーク、生活保護問題対策全国会議、中央労福協（労働者福祉中央協議会）などの関係者が中心となり、生活保護制度の改善やワーキングプアの解消をめざす「人間らしい労働と生活を求める連絡会議」（通称・生活底上げ会議）が結成されている。

日弁連（日本弁護士連合会）は、二〇〇八年一〇月、富山で開催された第五一回人権大会で、「労働と貧困問題」（ワーキングプア問題）を取り上げ、シンポジウムを開催した第五一回人権大会の成果を踏まえて、二〇〇八年一二月、それまでの生活保護問題緊急対策委員会を発展的に解消し、生活保護問題をはじめとする社会保障問題やワーキングプア問題に取り組む「貧困と人権に関する委員会」の設置を決めている。

(5) 反貧困運動と平和運動とのつながり

ジャーナリストの堤未果氏は、米軍に入隊し、イラク戦争に従軍した日本人青年を取材しているが、その青年は、「苦しい生活のために数少ない選択肢の一つである戦争を選んだ僕は人間としてそんなに失格ですか？」「アメリカ社会が僕から奪ったのは二五条です。人間らしく生きのびるための生存権を失った時、九条の精神より目の前のパンに手が伸びるのは人間として当たり前ですよ。」と語っている（『ルポ貧困大国アメリカ』岩波新書より）。

また、フリーターの経験のある赤木智弘氏は、「戦争が起こって社会が流動化しない限り、現状維持の平和のなかでは、自分たちは永久にフリーターの屈辱から逃れられないのではないか」と主張している（「『丸山眞男』をひっぱたきたい――三一歳フリーター。希望は戦争。」論座二〇〇七年一月号）。

「一〇〇年に一度」といわれる経済危機の中、北海道や東北では就職先がなく、あるのは非正規の仕事ばかりで、正規の仕事としては自衛隊しかないといわれている。このため、北海道や東北では、自衛隊の勧誘が活発に行われていると聞く。

一九三〇年代の農村恐慌は、窮乏した若者たちをして熱狂的な軍国主義への道を歩ませた。したがって、貧困を絶つ運動は平和を守る運動につながっているのである。

日本社会は今大きな岐路に立っている。

これ以上の貧困の拡大を許すのか、それともここで貧困の拡大を食い止め、人間らしく働き人間らしく生きる社会を確立することができるかが問われている。

年越し派遣村は、労働運動と市民運動が結びつけば大きな力を発揮することを示した。貧困問題を解決していくには、労働運動、市民運動の垣根を越えた協力・協働がこれまで以上に重要となってくる。また、イデオロギーや政治的立場を超えた連携・連帯が大切になってくる。

反貧困運動は、いわば「平成の世直し運動」である。貧困が広がる社会を変えるため、今こそ一人ひとりが声を上げ、立ち上がらねばならない。そして、今こそ一人ひとりが垣根を越えてつながらねばならない。

5　現行労働者派遣法の問題点とあるべき改正案について

現行労働者派遣法の問題点を浮き彫りにした「大量派遣切り」と「年越し派遣村」

米国発の金融危機に端を発した経済不況下で、大量の「派遣切り」が横行している。厚生労働省によれば、三月末までに少なくとも八万五〇〇〇人の非正規社員が職を失い、その三分の二が製造業で働く派遣労働者であるということである。

年末から年始にかけて、東京・日比谷公園に出現した「年越し派遣村」は、日本社会に衝撃を与えるとともに、現行労働者派遣法の問題点を浮き彫りにした。

派遣村には、派遣切りで仕事を失うとともに寮や社宅を追い出された結果、住居・所持金を失い生命の危機に陥った派遣労働者など約五〇〇人が入村した。

大量の派遣切りや年越し派遣村の実態は、現在の労働者派遣法が、企業の雇用調整のために、まるで「モノ」や「部品」を扱うように簡単に派遣労働者を解雇できる一方で、派遣労働者の権利は全く保護されておらず、派遣労働者にとっては血も涙もない残酷な法律であることを明らかにした。

もともと労働者派遣制度は、多様な働き方を求める労働者のニーズに応えるという美名のもとに導入された制度であるが、その本質は、企業の利益追求のために、労働コストの削減と手軽な雇用調整弁としていつでも簡単に労働者の首を切るための制度であったことが、今回の大量派遣切りで明らかになったと言えよう。

現在行われている派遣労働の問題点は、①いつ首を切られるかわからない不安定な就労形態であること②何年働いても昇給や退職金もなく、賃金は正規労働者の約五割というような正規労働者との待遇格差が存在すること③結婚したくても結婚ができない、子どもが生みたくても子どもが生めないという低賃金労働であること④「モノ」や「部品」のように使い捨てられ、次の仕事が見つからない場合はネットカフェでの寝泊まりや野宿を余儀なくされるという劣悪な労働環境で働かされていること、などである。

この結果、多くの派遣労働者が、自分の将来に全く希望が見出せない状況におかれているのである。

改正案はどうあるべきか

労働契約に第三者が介入すれば、必然的に「ピンハネ」が横行することになるので、もともと一九四七年一一月に制定された職業安定法では、労働者供給事業を罰則付きで禁止していた。したがって、本来は、労働者派遣法は廃止されるべき法律なのである。

深刻な派遣切り被害の実態と派遣労働者の権利の保護を考えれば、あくまでも直接雇用と期間の定めのない雇用が大原則であり、有期雇用を含む非正規雇用は合理的理由のあるごく例外的な場合にのみ許されるべきとの観点に立って、労働者派遣法の抜本的な改正がなされるべきである。

当面の労働者派遣法改正においては、派遣労働者の権利を保護するために、少なくとも以下の諸点の改正が求められている。

①派遣対象業種を専門的なもの、臨時的一時的なものに限定し、到底専門的とは言えない「製造業派遣」は禁止する。

②極めて不安定な雇用形態であり、非人間的労働形態である「日雇い派遣」は直ちに禁止する。

③常に失業の不安を抱え不安定な雇用となる「登録型派遣」を禁止する。

④違法派遣、期間経過後の派遣、偽装請負については、派遣先が直接雇用したものとみなす「みなし規定」を設ける。

⑤派遣労働者と派遣先労働者の均等待遇（同一労働同一賃金）の原則を法律で規定する。

⑥派遣元会社が取得するマージン率の上限規制を行う。

⑦グループ会社内での労働者派遣（「もっぱら派遣」）を禁止する。

⑧派遣労働者の組合が派遣先会社と団体交渉ができる規定を設ける。

⑨派遣契約打ち切りの際の住宅確保や生活保障、再就職支援などについて派遣元会社と派遣先会社に共同責任を負わせる。

なお、労働者派遣法の抜本的改正を待っていては、現在進行している「派遣切り」には間に合わないので、現在進行している「派遣切り」にあった労働者に対する就職や衣食住の保障とこれ以上の「派遣切り」を許さない緊急特別立法が別途求められている。

5章 地下鉄サリン事件被害対策弁護団長として見えてきたこと

1　これまでの経緯

地下鉄サリン事件発生（一九九五年三月二〇日）

地下鉄サリン事件被害対策弁護団の団長をしている宇都宮です。坂本都子さんには、以前、私の事務所に四年間勤めていただきましたので、坂本弁護士ご一家と関係のある人間です。残念な結果になってしまいましたが、救出活動もずっとやってきました。その活動を通してオウム真理教と対決しつつ、地下鉄サリン事件後、被害対策弁護団が結成された時に団長を引き受けた次第です。

地下鉄サリン事件は一九九五年三月二〇日に発生しました。当時、私は東京弁護士会の副会長をしており、霞ヶ関にある弁護士会館にほぼ常駐していました。ですから、江東区亀戸にある自宅から総武線に乗って秋葉原まで行き、そこから地下鉄日比谷線で霞ヶ関まで通うという日課でした。三月二〇日もその予定でした。当日は、真っ青な晴天だったのを覚えています。但し私の出勤時間は朝九時半過ぎでしたので、自宅でテレビを見て事件のことを知りました。その時は地下鉄で爆発事故が起き、大勢の死傷者が出ていると報道していたと思います。築地駅の前でたくさんの負傷者がうずくまっている姿が放映され、これは大変だと地下鉄には乗らずに弁護士会館に駆けつけたことを、今でもありありと思い出します。

ご承知の通り、オウム真理教の実行部隊が午前八時ちょうど、霞ヶ関駅に千代田線、丸の内線、日比谷線が到達する時刻を狙って、それぞれの路線でサリンを撒きました。この結果、死者一二名、五五〇〇名以上が重軽傷を負いました。私たちが弁護団を結成して依頼を受けた被害者あるいは遺族の方は、合わせて約一六〇名程ですので、全体については、未だ実態がどうなっているのか正確には把握できていない状況です。しかし、死亡者の遺族や重軽傷者の多くが弁護団に依頼していますから、その被害の一端はある程度把握しています。また、その被害の状況、負傷者の気持ち、遺族の心情等は、『それでも生きていく』（地下鉄サリン事件被害者の会、サンマーク出版、一九九八年）や村上春樹さんが取材をされてまとめた『アンダーグラウンド』（講談社、一九九七年）などをお読みいただけたら、よくわかると思います。

地下鉄サリン事件被害対策弁護団結成（一九九五年八月二一日）

事件後、何度かオウム真理教被害のホットライン（電話相談）をしたのですが、その中に地下鉄サリン事件についても問い合わせ等がありました。被害にあった方が、自分たちはどうしたらいいのか、どんな救済手段があるのか知ろうとしても、教えてくれる窓口はまったくなかったわけですね。もちろん被害を受けた当初はそれどころではなくて、悲しみに打ちひしがれ、あるいは負傷した方は自分の傷に怯え、いかに回復するのかということに悩まれていたと思います。そういう毎日の苦しみの中で、さらに入院費、治療費など、全部被害者の負担となってくる。そうした救済はどうなるのかということは、誰も教えてくれなかった。

弁護士のホットラインには同様の問題を抱える人からたくさん電話がありました。これは何らかの対応が必要だということで、一九九五年八月二一日に地下鉄サリン事件被害対策弁護団を結成しました。ここには三三名の弁護士が参加しています。

三次にわたる損害賠償請求訴訟の提起

当時、何人かの実行犯は逮捕され、刑事裁判が始まっていましたが、刑事裁判というのは検察官と被告人が当事者で、そこに被害者が当事者として入るシステムがない。裁判は被害者を抜きにして進行されるわけです。しかも非常に長期化する。肉親を失ったり、あるいは重傷で病床についていることへの怒りに対して、被害者の立ち入る隙間がないのです。

被害者自身が実行犯の責任を追及したい、真実を解明したい、そういう気持ちを代弁するシステムとしては、損害賠償という形をとる民事裁判になります。被害者、死亡者の遺族、あるいは受傷者が原告となって、オウム真理教あるいは実行犯を相手として訴えることができる。

しかし、民事裁判で勝訴判決を得ても、相手にお金がないと金銭的な回復は得られません。民事裁判のしくみは、判決にもとづいて被告の財産を強制執行できることを国家が保証していますが、被告に財産がなければ損害賠償を払いなさいという判決が出てもお金にならない。逮捕されて裁判中の被告も、逃走犯も、ほとんどの被告には資産がない可能性もあります。ですから、「裁判をやっても経済的な被害の回復に直接つながるかどうかわからない。むしろ難しいと思います、それでもやりますか」と、一人ひとりの意向を聞いて始めました。多くの被害者がそれでもこの民事裁判を是非やりたいとおっしゃっているのは、やはり自らの手で彼らの責任追及をしたいということ。そして、事実を知りたい。なぜ自分たちの息子あるいは娘が被害にあわなければいけなかったのかということを自分たちの手で明らかにしたい、という気持ちが大きかったからだと思います。

こういう損害賠償訴訟をやるためには、請求額に応じて印紙代という税金のようなものを国に払わなければなりません。また、弁護団に払うお金もかかります。今のシステムだと、被害にあった人が自分たちで権利を回復しようと思ったら、その裁判費用や弁護士費用を自ら負担しなければならない。それでも是非やりたいという方が、第一次、第二次、第三次までの裁判で、死亡した七名の方の遺族一六名と、負傷した方や一部親族を含む二五名いらっしゃいました。この合計四一名が原告となって、オウム真理教と、麻原彰晃こと松本智津夫及び実行犯一五名を相手に裁判を起こしました。その結果、オウム真理教については、後述するようにその後破産宣告がなされたため、破産管財人との間で一九九七年一二月二五日和解が成立して終了しています。被告の麻原彰晃こと松本智津夫、豊田亨、土谷正実、林郁夫、林泰男、北村浩一については、全く答弁書を出さなかったため原告の主張をそのまま認める欠席判決がなされています。

被告の新実智光については、原告の請求を認諾したため、一九九九年七月一三日に裁判が終了し、また被告の廣瀬健一についても請求認諾により二〇〇〇年一月一三日に裁判が終了しています。

残りの被告井上嘉浩、杉本繁郎、横山真人、外崎清隆、遠藤誠一、中川智正、高橋克也については、二〇〇〇年三月一八日原告勝訴の判決が言い渡されています。後述しますが、この訴訟については費用の問題もありますが、立証についても非常に困難がありました。

それは、地下鉄にサリンを誰が撒いたか、どういう動機でどういう目的で誰が指揮したか、ということについて、報道はたくさん出ていますが、裁判所は報道だけでは犯行を認定しないのです。証拠にもとづいて認定しなければいけない。証拠がいちばん出ているのが刑事裁判です。ですから、刑事裁判の記録、証拠を、この民事裁判に利用できるかどうかが最大の問題でした。それを利用させるようないろいろな働きかけや要請を行って、やっと勝訴判決を得られました。新聞報道では彼ら自身がやったことを認めていますけれど、それだけでは判決自体もなかなかとれないような問題があったということです。

オウム真理教に対する破産申し立て

やはり被害者としては、自分たちで責任を追及したい、真実を解明したいということが主な動機だったわけですが、現実的に、多くの人が経済的な困難にあっている。特に受傷している人の中には、未だに入院治療を続けている人がいて、そうした経済的な負担をなんとかカバーできないかと考えました。サリン事件にあったために会社を退職せざるを得なくなったり、生活保護を受けるようになった被害者がいる。補償するシステムはほとんどない。そうするとどうしても被告側から賠償させないといけない。

被告の中で、麻原や実行犯は逮捕されているので財産はありませんが、財産を持っているとみられたのは宗教法人オウム真理教です。オウム真理教は全国に道場など土地建物を持っており、特に上九一色村などには広大な土地と建物がありました。東京都内にもいくつか道場がある。そういう財産を換金して被害者の救済に充てることが非常に重要でしたので、破産申し立てを行うことになったのです。

私たちが破産申し立てをする前に、東京都と東京地検によってオウム真理教の解散請求がなされています。そして解散命令が出て、その命令にもとづいて清算人が選任され、手続きが開始されている途中でした。

その一方で、私たちは一九九五年一二月一一日に破産申し立てをした。なぜそうしたかと言うと、宗教法人が解散されただけでは財産が凍結されないので、一部の財産についてはオウム真理教の関連会社に名義が移転されたのです。それを止める手段はないため、解散命令をだらだらやられてしまうと主な財産の名義が移転され勝手に処分されてしまう危険性が出てきた。そのため、財産をきちっと凍結させ、それから厳正に監督、管理処分させるためにいちばん効果的な破産申し立てをしたわけです。

破産申し立てをすると、三日後に財産保全処分となった。これは資産を凍結する処理で、破産申し立てをした場合に裁判所の判断でできます。すべてのオウム真理教名義の土地建物、動産類を凍結するために、一四日、全国の道場に弁護団と執行官を抜き打ちで派遣しました。

破産申し立ては、地下鉄サリン事件・松本サリン事件の被害者、坂本弁護士一家の遺族などが中心となって行ったわけですが、当時、オウム真理教側に報復されるのではないかという恐れが常にありました。そうした不安も乗り越えての申し立てでした。

実は破産宣告の時に、宣告を出す裁判官名を記者に明らかにしてもらいたくないという要請が裁判所からありました。つまり、裁判官自体が報復処置を恐れていた。破産宣告前に保全処分の決定を出す際にも、その決定を出す裁判官名を記者会見の時に出さないよう要請されました。当時、刑事裁判を担当する裁判官には警備がついていたようです。民事裁判の裁判官は、身辺警護が万全の体制ではなかったので、裁判官の名前がオウム側に知られた場合の報復を裁判所もかなり恐れていたわけですね。ところが、原告とか破産申立人はオウム真理教側に名前が知られるわけで、弁護団員の氏名も当然相手方にわかるわけです。裁判官名を出さないでと言われたときに、「私たちはどうしたらいいのですか」と裁判所に逆に聞きたくなりました。

国、厚生省、東京都などに対する要請行動（一九九九年三月一九日）

当時の状況では、オウム真理教を相手に破産申し立てをすること自体に勇気が要ったわけです。そして、オウムの犯罪行為による被害で損害賠償請求債権が認められるためには、その犯罪行為を立証する資料がないとだめなのです。ところが私たちの手元には何もなかった。

オウム真理教のメンバーがサリンを撒いたというマスコミの報道はありましたが、それを立証するのにどうしたらよいのかというのが最大の問題でした。それでどうしたのかといいますと、国を巻き込んだ。

実は法務省内にもオウム真理教の解散請求の時から破産申し立てをやったほうがいいのではないかと考えたグループがいたようです。彼らは破産申し立ての研究もやっていたようですが、あまり経験がなかった。私は豊田商事事件のような大量消費者被害事件の破産申し立ての経験があったので、破産事件の審理がどういう形で行われるか、ある程度わかっていました。そこで当時、非公式に法務省内のグループと被害対策弁護団が、オウム真理教の破産申し立てをするにはどうすればよいかという協議を行ったのです。手続き的には破産申し立て自体は被害対策弁護団だけでやれるのですが、申し立てた人の損害賠償請求債権の存在を裏付ける証拠をどうするのかが問題になる。証拠は全部国が握っている。すなわち東京地検がオウム真理教関係の刑事記録を持っているわけです。そこで、国にもオウム真理教の破産申し立てをしてもらうことにしました。

オウム真理教に対して国が持っている債権とは、被害者に対して支給された犯罪被害者給付金や労災補償金、健康保険による治療費の支払い金などの求償権債権というものです。これをもとにして国にも破産申し立てをしてもらって、刑事記録を国から破産裁判所に提出してもらったわけです。破産裁判所の裁判官は、刑事記録を読んだ上で、地下鉄サリン事件や松本サリン事件、坂本弁護士一家殺害事件などはオウム真理教の犯罪だという心証を得て、オウム真理教への破産宣告を下す。当時、私たちだけの申し立てでは肝心の刑事記録を入手できなかったので、どうしてもこの申し立てに国を巻き込む必要がありました。その結果、オウム真理教の破産宣告がなされ、財産の散逸を防ぐことができた。そして、破産管財人に阿部三郎弁護士が就任して、その回収も進んだわけです。

税金回収より被害の回復を優先せよ

しかし、そのために別の問題も発生しました。国が五億円の債権届け出をしてきたことと、地方自治体がオウムの未払いの固定資産税とその延滞税を含め八四〇〇万円の租税債権の届け出をしてきたことです。

破産管財人が集めたお金は、当初約一〇億円。国の求償権債権や地方自治体の租税債権、その他諸々の債権を含めてオウム真理教の負債は約五二億円となりました。この中で、先ほどの租税債権八四〇〇万円は現行破産法上は優先債権とされていて、まず真っ先に税金が全額支払われる。残りの約九億円について、優先権のない債権が債権額に応じて平等に払われることになる。この状況を管財人に聞かされて、本来、私たちはオウムの資産を被害者救済に充てるためにに破産申し立てをしたのであって、国や地方自治体の債権や税金を取り戻すためではない。国や自治体が被害者に優先して、あるいは被害者と対等に破産の配当を受けることは、結果的に被害者に配当されるべき財産の上前をはねることになるのではないか。これはどう考えてもおかしい。このように考えて、政府や大蔵省（現、財務省）、自治省（現、総務省）、東京都をはじめとする地方自治体などに、九七年三月から五月にかけて要請行動を行いました。

東京都内には亀戸、杉並にオウム真理教の道場がありましたし、オウム真理教を宗教法人として認証したのは東京都ですから、都はオウム真理教を監督する官庁です。当時、オウム真理教の宗教法人の認可については、東京都にいろいろな圧力がかけられており、オウム真理教をバックアップした政治家などもいます。また、地下鉄サリン事件による死亡者や負傷者の中には東京都民がかなり含まれていますが、この被害者救済についての都の対応は、きわめて立ち後れていました。

特に、一九八九年一一月に坂本弁護士一家に関する事件が発生した時点で、すでにオウム真理教の関与が問題となっていたわけで、監督官庁としては立ち入り調査などをやるべきだったにもかかわらず、東京都はまったく行いませんでした。

宗教法人としてオウムを認可した責任があり、地下鉄サリン事件の被害者に都民がかなり含まれている一方で、オウム真理教の破産手続きにおいては東京都が税金だけ真っ先に持っていくとは問題ではないかということで、私たちは東京都に対しても要請行動を何度も行いました。また、被害者の方々と一緒に国会へ出向き、当時の自治大臣などにも直接会って要請しました。最終的には一九九八年四月一七日、「オウム真理教に関わる破産手続きにおける国の債権に関する特例に関する法律」を制定させることができました。これは、オウム真理教の破産手続きの中では、国の債権より被害者の損害賠償債権を優先させるという法律です。この法律が制定された後、各地方自治体の税金債権も国の債権と同じような扱いにするという条例が制定されました。地方自治体が税金債権の回収を後回しにすると地方自治体の収入が減りますが、それを国が地方交付税で穴埋めするような手はずをとったので、各自治体も納得して条例を制定したようです。結果的には国が動かないと地方自治体もなかなか動かないというのが今の日本の行政システムですが、しかし、これは画期的なことでした。

一層の被害者救済が必要

個別の破産事件において、ある特定の債権、すなわちオウム真理教の犯罪による被害者の損害賠償請求債権を優先させ、国や自治体の債権は後回しにさせるというような措置がとられたことは、これまでまったくありません。

私がかつて関与した豊田商事の破産管財人は中坊公平弁護士で、この破産手続きの中で豊田商事の社員が払った源泉徴収税の一部を、国と交渉して国から取り返すという画期的なことを行っています。しかし、豊田商事事件の破産手続きの中でも、豊田商事が所有していた不動産の固定資産税などは、管財人が集めた財団の中から優先的に支払われていました。

オウム真理教の破産事件に関してこのような特別法を制定させることができたのは、地下鉄サリン事件がサリンという猛毒が使われた前代未聞のテロ事件であり、多くの死傷者が出た衝撃的な事件であったので、被害救済を求める世論の後押しがあって政治家を動かしたのだと思います。

オウム真理教の破産手続きでは、地下鉄サリン事件関係が一一三六件、二一億円、松本サリン事件関係が四〇件、七億円、坂本弁護士一家殺害事件などその他の事件関係が三八件、一一億円の債権届け出がなされており、オウム真理教の犯罪により生命・身体を害された被害者の債権届け出は約四〇億円となっています。

被害者に対しては第一回中間配当として、一九九八年の一〇月に二二・五九％の配当がなされました。もし特例法がなければ、被害者に対しては一〇％台の配当であったと思われます。

地下鉄サリン事件関係の債権届け出は一一三六件でしたが、実際の被害者は五五〇〇名を上回ると言われています。届け出ないと何の配当も受けられませんので、地下鉄サリン事件の被害者のうち四四〇〇名近くが債権届け出をせず配当も受けられない。

事件発生後三年目の地下鉄サリン事件被害者のアンケート調査について紹介された新聞記事によれば、受傷者の多くが後遺症で悩んでいます。重傷者の中には半身不随となり、今でも病院で寝たきりになっている被害者がいます。また、重い記憶障害にかかり、自分の一時間前の行動のことをまったく思い出すことができないという被害者もいます。この方は会社員だったのですが一人で外出した場合には自分の家に帰れなくなってしまう。そのため会社に行くこともできなくなり、両親が付き添って看護している状態です。

軽傷者と言われている被害者も、事件発生五年目で検診を実施したところ、受診者の九割以上が何らかの異常を訴えています。視力の異常、頭痛、極度のストレスが原因とされるPTSD（心的外傷後ストレス障害）の疑いが強い被害者もみられました。国や東京都は地下鉄サリン事件で被害にあった人の実態調査や治療を行っていません。被害者が治療を受ける場合は全部自己負担です。地下鉄サリン事件被害対策弁護団と被害者の会は、国や東京都などに対し、無料の健康診断や治療体制を確立するよう何度も要請しています。

オウム対策二法成立（一九九九年一二月）

一九九九年末には、オウム真理教対策を念頭においた二つの法律が同時に成立しました。一つは「無差別大量殺人行為を行った団体の規制に関する法律」という団体規制法。オウム真理教の信者が今はアーレフという名前で活動していますが、この活動を監視し規制していく法律です。

もう一つは、破産管財人が散逸した資産等を取り戻しやすくする「特定破産法人の破産財団に属すべき財産の回復に関する特別措置法」で、いわば被害者の救済を進めるための法律です。

アーレフはパソコン事業で七〇億円位の売上げがあると言われていますが、被害者のほうは破産の中間配当が二割程度で、残りの八割近くの被害回復が受けられていない。オウム真理教に対する警察の捜査が行われた際、相当の資産があったと私たちは聞いています。たとえば、金塊があった、何億円ものお金が段ボールに無造作に詰め込まれていたなどという話がありました。しかし、目的は殺人や殺人未遂罪の捜査なので財産があっても警察はほとんどこれらを押収しなかった。唯一金銭的なものが押収されたのは、松本智津夫が最後に上九一色村で逮捕された時に持っていた現金一〇〇〇万円位です。つまり、かなりのオウム真理教の資産が、警察の捜査が行われる前後に散逸している可能性がある。

この被害者救済法ができたあと、アーレフのほうから破産管財人に被害者救済のために損害賠償したいという申し出があり、現在、阿部破産管財人に毎月最低一〇〇〇万円程を送金しているようです。また、群馬県の大田原市に所有していた土地建物を全部売却して、売却代金はすべて破産管財人に納めている。

このような動きを見ると、この法律がオウム真理教すなわちアーレフをして被害者に対し損害賠償をさせる契機になったのは間違いない。ただこの評価はいろいろありまして、被害者の会の中には、逆にアーレフの活動を容認・公認することになるんじゃないかと批判する方もいらっしゃいます。しかし破産管財人の立場としては、破産手続きの中で残りの八割についてもできる限り、なんとしてでもアーレフから被害者に賠償をさせたいという思いで交渉をしているわけです。

「サリン事件等共助基金」の設立による無料検診の実施（二〇〇〇年三月より）

破産手続きの過程で、私たち被害対策弁護団の提案で、「サリン事件等共助基金」ができました。前述したとおり、さまざまなはたらきかけによって国・地方自治体の債権を劣後化させる特例法ができ、破産手続きの中で被害者に対して二割ほどの配当がされたけれども、なお八割近くの損害が回復されていない。さらに経済的な損害だけでなくPTSDなど深刻な後遺症で悩む負傷者が大勢います。そういう人たちに対する検診体制や治療体制がまったくできていない。破産手続きだけではすべての被害の回復を実現するのは難しいので、それではカバーされない被害を補完するような基金を作るということで、共助基金が設立されました。

基金は寄付、カンパで成り立っています。この基金が主催して地下鉄サリン事件の受傷者を対象に五年目検診を無料で実施し、三六二人の方が受診されました。

しかし、共助基金には限界がありますので、これを継続的に実施するためには国や自治体の援助が必要です。再三にわたって法務省、厚生省（現、厚生労働省）、自治省（現、総務省）等にはたらきかけ、二〇〇〇年二月には坂口厚生労働大臣に会って、ぜひこういう検診の費用等について援助してもらいたいと要請しました。ところが国としては検診の施設を貸すのはやぶさかではないが費用は援助できない、という冷たい回答です。五年目検診の時は、足立区と目黒区など何ヵ所か自治体の施設を無料で借りています。やはり国の援助がないと続けていくのは難しいということで、次回は断念せざるを得ないのが現状です。

被害者の会の結成と活動

被害救済活動を行っていく上で、弁護団が被害救済のために活動していくのは当然のことですが、被害者の方自身が大変重要な役割を果たされています。弁護士は法的な問題点などは指摘できますが、被害者自身が被害実態や被害者の置かれている状況を直接訴えることがいちばん世論にアピールできます。弁護団が被害者の気持ちを代弁することにはやはり限界があります。

地下鉄サリン事件の被害者は、弁護団発足とほぼ同時期に被害者の会を結成しました。事件で営団地下鉄の職員であったご主人を亡くした高橋シズヱさんが中心となり、結成当初は月に一回位の集まりをもっていました。私もほぼ毎回、他の何人かの弁護士と一緒に出席していました。最初の会合を今でも思い出しますけれど、被害者の会に集まっている自分たちの名前がオウム真理教に漏れると、報復のテロにあうのではないかというものすごい恐怖心があるわけです。そのためマスコミ関係者はすべてシャットアウトして会を開きました。

この事件で大切な家族を亡くしたり、受傷した人が自分の置かれている状況や気持ちを泣きながら話し出すと、聞いている他の被害者も泣く。次の被害者が話し始めると、それを聞いてまた他の被害者が泣く。最初はこのような会合がずっと続きました。でも、このような場がいちばん被害者一人ひとりの心を癒し、一人ひとりの被害者を励ます会合になったのではないかと思います。地下鉄サリン事件で辛くて苦しい思いをしているのは自分だけではない、皆同じように辛くて苦しい思いをしながらも強く生きていこうと懸命に頑張っているんだということがお互いにわかり合えたのだと思います。このような話は当事者でない私たち弁護士がとてもできるものではありません。

被害者同士がこのような仲間内の会合を積み重ねる中でやっと自分たちの思いを外に向けて発言しようという前向きな気持ちが生み出され、事件発生二年後の一九九七年に、手づくりの「手記集」を出版しました。その翌年、この手記集をもう少しまとめた形で本にしたのが『それでも生きていく』(サンマーク出版)です。事件後三年ほど経って、ようやく外に向けてアピールできるようになったということです。

被害者自身の思いをつづった手記集や記者会見は、世論に大きな影響を与え、国会で特例法やオウム対策二法を制定させる上で、大きな原動力となりました。

破産手続きにより、オウム真理教の財産はほとんど換価して二二・五九%の中間配当。中間配当と言われていますが事実上の最終配当でした。阿部破産管財人は、アーレフに対してあと九億円から一〇億円位の返済をさせる約束をしています。残りの四年で中間配当と同じ位の返済をさせて、その後は共助基金が受け皿となって被害額全額について彼らに弁償させるべきだということで、管財業務を続けている状況です。

2　地下鉄サリン事件で明らかになった被害者救済に関する問題点

地下鉄サリン事件のように一度に大量の被害者が生み出された事件はそれほど多くありません。この事件は被害者を大量に発生させたことで日本における犯罪被害者の救済に関する問題点を鮮明にしたといえます。

貧弱な犯罪被害者等給付金支給法

まず一九八〇年に成立した「犯罪被害者等給付金支給法」ですが、対象となる人が死亡者の遺族か重傷者に限られています。しかも重傷者は後遺症の等級が少し前までは三級、現在では四級までとされています。地下鉄サリン事件の被害者五五〇〇名のうち、重傷者や死亡者の遺族は数%です。大半の被害者は給付金の対象にならない。ですから、犯罪被害者等給付金支給法はその人たちにとってはまったく意味のない法律になっています。

この法律が制定されたきっかけは、一九七四年八月三〇日に発生した三菱重工ビル爆破事件だと言われています。この事件では八名が死亡し、三八〇名が重軽傷を負いました。当時は犯罪被害者を救済する法律はまったくなく、被害回復としては、被害者が加害者を訴えて加害者から損害賠償をしてもらうしかありませんでした。加害者には資力がない場合が圧倒的に多いので、そうすると犯罪被害者はみんな泣き寝入りするしかない。しかも、重傷者を抱えている家族には大変な重荷でした。そこで、この給付金の制度ができたわけですが、これまでの平均支給額は三〇〇万円から四〇〇万円ときわめて低額です。自動車事故で死亡した場合、自賠責で保障されている賠償額は、現在三〇〇〇万円です。つまり、凶悪なテロや殺人による死亡や負傷という被害に対する補償が、自動車事故被害者の一〇分の一ほどしかされていない、お見舞い金のような扱いだというのが現状です。

地下鉄サリン事件の場合、通勤途上の会社員の被害者が多かったので、このような被害者に対しては労災保険が適用され、労災補償を受けています。ところが、被害者が労災補償を受けた場合は犯罪被害者給付金は支給されない取り扱いです。このような扱いも、犯罪被害者の救済という視点からは、まったく不当であると思います。私たち被害対策弁護団が依頼を受けている地下鉄サリン事件被害者のほとんどが、犯罪被害者給付金の支給を受けていません。松本サリン事件は通勤途上の事件ではなかったので、労災対象にならなかった代わりに被害者のうち何人かはこの給付金の支給を受けました。しかし、これではあまりにも金額が低い。

ようやく全体的に底上げしようという動き、金額とともに支給対象が遺族もしくは四級までの重傷者・重度障害者に限られていた点も拡大しようという改正が検討されています。自動車事故の自賠責保険は一四級まで支給されますから、これに合わせて軽傷者に対しても支給対象を広げる内容が望まれます。

被害者が傍聴できない裁判

私たちが被害者から依頼を受けたのは、損害賠償請求訴訟や破産申し立てなど被害者の民事的な救済活動だったわけですが、一方で、地下鉄サリン事件に関する刑事裁判も並行して行われていました。特に、松本智津夫の刑事裁判では、当初、傍聴希望者が何千人もいて日比谷公園で傍聴者が抽選されました。その刑事裁判で地下鉄サリン事件に関する審理が行われる公判期日に、事件の被害者が刑事裁判の傍聴希望を出したところ、何千人もの一般の傍聴希望者と一緒に並んで抽選を受けて下さい、と言われました。事件で自分の肉親を奪われた遺族がその刑事裁判を傍聴したいと希望しても、一般の傍聴者と一緒に並ばされ、抽選に当たらなかったら傍聴もできない。これはおかしいではないかということで、被害対策弁護団は何回も裁判所と交渉しました。最終的には国会でも取り上げてもらって、地下鉄サリン事件に関する刑事裁判が開かれるときは、被害者二名の優先席を確保してもらいました。被害者が刑事裁判を優先的に傍聴する権利を獲得するまでに何度も裁判所と交渉し、さらに国会にも働きかけてやっと実現したわけです。

しかし、このような権利は被害者にとって当然の権利であり、もっと早く認められて然るべきだったと思います。刑事裁判において被害者はまったく当事者として扱われていないし、置き去りにされていたことを示した例です。その後、いわゆる犯罪被害者保護法が成立して犯罪被害者が優先的に傍聴できる権利が法的に明記されましたが、その点については後述します。

刑事事件の記録を民事裁判にも

地下鉄サリン事件に関して損害賠償請求訴訟を提起した当時は、刑事裁判はまだ確定しておらず、裁判進行中にその事件記録を見ることはできませんでした。

こういう犯罪で被害を受けた人が損害賠償を請求する権利、すなわち損害賠償請求権は、三年で時効になってしまいます。もし刑事裁判が延々と一〇年間も続いたとしたら、損害賠償請求ができなくなってしまう可能性がある。民事裁判を行うのに刑事裁判確定まで待っていなければならないのはおかしい。

そこで、刑事裁判が確定しなくても当然、刑事記録を利用させてもらいたいと要請したのですが、なかなかできませんでした。そのうち地下鉄サリン事件の実行犯、林郁夫が罪を認めて、刑事裁判が確定した。この段階でさらに林郁夫の刑事裁判記録の利用を要請しましたがそれも最初はだめだと言われた。通常、刑事記録を取り寄せたら原告側代理人は必要な部分をコピーして証拠として出すのですが、当時、松本智津夫の最初の刑事弁護人が供述調書をマスコミ関係に売却したことが発覚し、大きな問題となっていました。確定した刑事記録も民事裁判で利用させるとコピーが外に漏れるおそれがあるということで、検察庁は消極的な対応でした。

　そこで私たちは民事事件を担当する裁判所と交渉して、刑事記録を送付する際に私たち原告側代理人は一切コピーをとらない、裁判官だけが刑事記録を見て心証を形成する、ということで刑事記録の送付嘱託の申請をし、民事事件を担当する裁判所に送付してもらいました。それができたことで、地下鉄サリン事件に関する損害賠償請求事件では勝訴判決を取得できた。この点も、地下鉄サリン事件はそれまでの制度の問題をはっきり示し、具体的な働きかけによって変更させた前例となりました。やはり、その後二〇〇〇年制定の「犯罪被害者等保護法」の内容に取り入れられています。

被害者負担で被害の回復？

　犯罪被害者が加害者を被告として損害賠償請求の裁判をするためには、まず訴状に請求額に応じた印紙を貼らなければなりません。請求額が何億、何十億となると、かなり高額な印紙代です。訴訟費用が高いために訴訟を断念する被害者も多い。犯罪の被害にあった上に、被害者が自分の費用で加害者の責任を追及するのは、非常に困難です。ちなみにアメリカなどでは、一般的に民事裁判を提起するための手数料は、請求額が何十億であろうと、一律一〇〇ドル程度です。だから、アメリカは誰もが高額な訴訟を提起することができる。日本は請求額が四〇億、五〇億の裁判をやろうと思ったら、一〇〇〇万円近くの印紙代を払わなければならない。その他に弁護士費用はもちろん自己負担しなければならない。破産申し立てをする場合も、予納金を納めなければなりません。

オウム真理教の破産申し立ての場合、最終的には国も共同して破産申し立てをすることになったので、被害者側の予納金の負担は少なくて済んだのですが、国は一億円くらいの予納金を払っています。

たとえば、やはり私が被害対策弁護団長をしていたＫＫＣ事件の場合は、破産申し立てをするだけで予納金が一〇〇〇万円位かかりました。この予納金を、お金をだましとられた被害者が負担するなど不可能に近いわけで、結局、破産申し立てもできなくなります。この時は、被害対策弁護団長の私が財団法人法律扶助協会から予納金一〇〇〇万円を借りて、申し立てをすることができました。日本の場合、被害にあった人が、自分の力で、自分のお金で被害回復をしなさいというシステムなのです。そのために、被害回復を断念する人がたくさんいます。

オウム真理教の破産手続きでは、破産申し立てをしてオウムの資産を凍結し、国の債権を劣後化させる特例法を成立させることでやっと、不十分ながら被害者に配当がなされました。しかし、この配当を受けられたのも、地下鉄サリン事件では破産債権の届け出をした一一三六人の被害者に限られています。

いまだに寝たきりの被害者がいて、この方のお兄さんが被害者の会によく出席しています。妹さんが地下鉄でサリンを浴びて、一時植物状態になったんですが、家族の必死の介護でやっと声が出せるようになり、右手、右足は少し動かせますが、まだ左半身は完全にマヒしています。自分で食事することはできません。このお兄さんには妻と小学生の子が二人おり、また年老いたご両親の面倒も見ています。ご両親の面倒を見ながら、一週間に同日も病院に妹さんのお見舞い、介護に通っている。この妹さんが退院して最終的に引き取ることになった場合は、自宅を大改造しないといけない。そのための費用などはもちろん全然保障されていないわけです。結局、地下鉄サリン事件で被害にあった妹さんの介護のために、お兄さんの家族やご両親も大変な苦労をされている。ある意味では家族全体が地下鉄サリン事件の被害者であると言えます。この家族の経済的な保障も、今のところはまったく見通しが立たない状態です。同様の経済的な問題を抱えている被害者がたくさんいるのです。

求められる精神的ケア・治療体制

地下鉄サリン事件の被害者が治療や健康診断を受けるのに、国の援助はまったくありません。原爆の被害者の場合は特別な法律ができていて、被爆者手帳を持っている人は無料で健康診断が受けられます。私たちは被爆者と同じような支援体制の確立を厚生労働省に要求しました。

日本の行政は全体的に保守的ですが、その中でも厚生労働省は特に頭の固い保守的な省庁だと思います。厚労省の役人はいつも、地下鉄サリン事件でそのような支援体制を認めたら、他の犯罪被害者に対しても同じような支援を行わなければいけなくなるのでできない、と答えるのです。私たちとしては、国は地下鉄サリン事件の被害者は当然支援すべきだし、他の犯罪被害者も当然支援すべきではないか、日本は犯罪被害者の支援体制が非常に遅れているのではないかと要請しましたが、なかなか受け入れられませんでした。

「サリン事件等共助基金」が主催して実施した五年目検診では、身体的な異常を感じている人が、検診を受けることによって、治療、改善の見通しができてよかったという感想がありましたが、異常を感じていない人でも、検診を受けて「あなたは大丈夫ですよ」と言われることによって精神的に落ち着いたという感想も多く寄せられました。被害者は私たちが思いもよらないような不安を抱えています。たとえば、結婚されている方がこれから出産する場合、子どもにも影響が出てくるのではないかと不安を感じている人が多い。サリンというのは前代未聞の被害ですから、人体的にどのような影響が出てくるのか、今のところまったく未解明です。医学的にもあまり研究されていませんので、いろんな噂が憶測を呼んで、自分たちの子どもの代に影響があるのではないかという悩みを抱えている人もいます。

ですから、犯罪被害者の治療・健康診断だけでなく、精神的ケア体制の確立も求められています。地下鉄サリン事件の場合、被害者の会の活動が被害者同士の精神的なケアの場にもなっていたと思いますが、被害者のすべてが会に参加しているわけではありません。こうした被害者の会に参加できていない人、あるいは破産債権の届け出すらしていない人、職場の中で孤立していづらくなり退職を迫られている人、このような被害者に対する精神的なバックアップも必要です。

現在、犯罪被害者救済センターが少しずつ各地でできていて、犯罪被害者に対する精神的な支援の取り組みを開始していますが、諸外国に比較して日本は大幅に遅れていると思います。

3　法律の改正、新たな法律の制度

地下鉄サリン事件によって見えてきた従来の制度の問題点が、二〇〇〇年五月に一部改正、または新たな法律制定となって改善されました。主なポイントなどを簡単にご紹介します。

「刑事訴訟法及び検察審査会法の一部を改正する法律」（二〇〇〇年五月）

二〇〇〇年五月に犯罪被害者の権利を保護するために、刑事訴訟法と検察審査会法の一部が改正されました。

刑事訴訟法の改正は、主に法廷での被害者の精神的な負担を軽減しようとする内容です。
●証人尋問の際に被害者にカウンセラーなどの付き添い人をつけることができる
●性犯罪の被害者などが証言するときに、加害者である被告人や傍聴席との間に遮蔽物を設置することができる
●法廷外の別室でテレビモニターを通じて証言できる「ビデオリンク方式」による尋問を行

うことができる

従来は、被害者が法廷で証言する場合、どうしても加害者である被告人と顔を合わせることになり、被害者の病状をさらに悪化させたり、精神的負担を増加させることもありました。

また、性犯罪の被害者はこれまで犯人がわかってから六か月以内に告訴しなければなりませんでしたが、今回、告訴期限を撤廃する改正も行われました。性犯罪は親告罪ですから、被害者自身が告発する必要があります。精神的後遺症を抱えつつ自分から加害者を告発しようと思うようになるまで、非常に時間がかかることが多いということがようやく理解されてきました。

さらに、犯罪被害者は刑事裁判においては証人として出廷し、これまでは質問に答えることしかできなかったのですが、被害者が自らの意思で心情を述べることができる「意見陳述権」を認める改正が行われています。

被害者が刑事裁判に積極的に関与できる制度は、欧米などでは一般的です。私は二〇〇〇年にフランスの裁判所を見学する機会があったのですが、刑事法廷の中に検察官席と被告人席、弁護人席以外に、もうひとつ席がある。被害者と被害者の代理人弁護士が座る「被害者席」です。法廷の構造が全然違っているわけですね。日本では被害者が座る席が法廷内にはなく、傍聴席しかない。フランスの法廷を見て、やはり日本はずいぶん遅れているなと思ったんですが、今回、被害者が刑事裁判で意見陳述ができる制度ができました。

それから検察審査会法の改正は、今までは検察官の不起訴処分に不服がある場合、それに対する審査の申し立ては被害者本人しかできなかったのですが、被害者が亡くなった場合には遺族にも審査の申し立てができるよう、審査申立権者が拡大されました。

「犯罪被害者等の保護を図るための刑事手続きに付随する措置に関する法律『犯罪被害者保護法』」の成立（二〇〇〇年五月）

最近制定されたいわゆる犯罪被害者保護法は、地下鉄サリン事件などで表面化してきた犯罪被害者の権利についての問題を一部取り入れたといえると思います。

- 被害者や被害者の家族、遺族が刑事裁判を優先的に傍聴できる
- 被害回復を支援するため刑事裁判の判決確定前でも、刑事公判記録の閲覧及び謄写が認められる
- 刑事裁判の中で被告人が被害者に対して損害賠償金を支払うような和解が成立した場合で刑事裁判の公判調書に和解内容を記載したときは、民事裁判の判決と同じような強制力を持たせる

これまでは、被告人を裁く刑事裁判と、被告人に対する損害賠償請求をする民事裁判はまったく分かれていたのですが、記録の利用などが一歩進んだ内容となっています。

弁護士会の反省と新たな取り組み

本来ならば、この犯罪被害者の権利の問題は弁護士会が真っ先に取り上げなければいけなかったものですが、これまでどちらかと言えば、弁護士会は犯罪被害者の権利よりも、加害者である被告人や被疑者の権利の確立を重視してきた経緯があります。犯罪被害者の問題が後回しになっていたということを、弁護士会は率直に反省しなければいけないと思います。

犯罪被害者が取り残されているのではないかという世論の批判を受けて、日弁連は一九九七年「犯罪被害者の権利を考える検討協議会」を設置し、一九九九年一〇月に犯罪被害者の権利に関する提言を行いました。また全国各地の弁護士会においても、犯罪被害者を対象とする相談窓口の開設や一一〇番を実施するといった動きが出ています。

そのほか、財団法人法律扶助協会においても犯罪被害者に対して弁護士費用を立て替える制度をつくる動きが出てきています。

4 まとめ——被害者救済は国の責務である

地下鉄サリン事件に象徴的に表れていますが、このようなテロ事件や犯罪によって尊い人命が奪われたり負傷することから国民一人ひとりの命を守っていくのは、政府や自治体、特に警察の役割です。そのために、私たちは税金を払って警察組織を維持している。

警察が犯罪を未然に防ぐ十分な活動をしなかったために犯罪が起きたわけで、それを被害者に「運が悪かったね」ということで終わらせていいのか。このような場合、犯罪を未然に防止することに責任を持っている国とか自治体が、犯罪被害者に対する被害補償をすべきです。犯罪被害者に関してはこのような問題だととらえることが、非常に重要だと私は思います。国や自治体の活動を支えているのは、すべての国民ですから、犯罪被害者に対し国や自治体が被害補償するということは、犯罪被害者の苦しみや痛みをみんなでわかち合うということです。このような視点から犯罪被害者の権利をまもるような法制度や手続きが確立される必要があると思います。日本はまだまだ不十分です。

一九八〇年にできた犯罪被害者等給付金支給法は、お見舞い金のような制度です。犯罪被害者は自分たちの正当な権利として、国家や自治体に対して被害の補償を要求できるし、治療体制や健康診断・精神的ケア体制の確立を求めることができるのです。このような権利が認められるのは、犯罪から市民・国民の安全や命を守るのは、国や自治体の基本的な責務だからです。

警察が動かない

坂本弁護士一家事件が発生した時にきちんとした警察の捜査が行われていて、オウムの犯罪が摘発されていれば、松本サリン事件も地下鉄サリン事件も起こらなかったわけです。また、松本サリン事件については、警察は重大な誤りを犯して、被害者である河野さんを事実上犯人扱いして捜査をしていました。もし松本サリン事件で適切な警察の捜査が行われていれば、地下鉄サリン事件は未然に防げたでしょう。

国が犯罪被害者にきちんと被害補償をするということは、逆に捜査に失敗した警察の責任を厳しく追及することになると思います。犯罪によって被害者がどれだけ出ても、補償をしなくて済むのであれば警察の責任は追及されないことになります。適切な補償がされればされるほど、税金を払う国民の警察に対する追及は厳しくなる。

これまで日本の警察は優秀だと言われてきましたが、実はものすごくひどい状態になっていると思います。それをつくづく感じるのは、栃木のリンチ殺人事件や桶川のストーカー事件のように、一般市民が警察に助けを求めているのに、全然それに応えようとしていない。また、応えるように訓練されていないということを非常に感じます。

私の事務所で最近扱っているのは、サラ金クレジットとか、商工ローンの事件なんですが、最近、ヤミ金融というのが増えています。ヤミ金融は、「トイチ」、「トニ」、「トサン」というように、一〇日で一割、二割、三割、年率に直すと年三六五%、七三〇%、一〇九五%という超高金利で貸し付ける業者です。

出資法では、利息が年二九・二%を超えると三年以下の懲役、三〇〇万円以下の罰金になるのですが、出資法をまったく無視する犯罪者集団が堂々とスポーツ新聞や夕刊紙に広告を出して、超高金利で貸し付けて暴力的・脅迫的な取立てを行っている。

商工ローンの日栄に関しては、「腎臓売れ、肝臓売れ」という取立てが問題となりましたが、ヤミ金融は商工ローン以上にひどい取立てをやっているのです。都内に住んでいる六〇歳代の老夫婦がヤミ金融の取り立てを受けて、一カ月間も自宅に帰れなくなり、近所の公園で野宿している。この老夫婦は警察に被害を訴えているのに警察は借りたものは返すのが当然だろうということで、老夫婦の被害相談に全然取り合わない。若いサラリーマンが、自分のアパートをヤミ金融に占拠されたため、アパートに帰れなくなり、友達の家を転々としている。地方出身者なので、地方の実家や親戚に脅迫電話があったため警察に相談したが、警察がまったく取り上げない。

ヤミ金融被害は、現在全国各地で多発しているにもかかわらず、警察は全然動かないのです。わが国は、ヤミ金融のような違法行為が公然とまかり通る社会になっていて、とても法治国家とはいえません。ドイツやフランスでは、ヤミ金融は存在しません。市民がヤミ金融を告発したら、すぐに警察が取り締まるので存在できないのです。

犯罪を生み出さない行政システムを

地下鉄サリン事件などは生命または身体を害された被害事件ですが、ほかに財産的被害事件もあります。

豊田商事事件では、三万人の被害者が出て二〇〇〇億円位の財産的被害にあっています。また、やはり私が関わっているＫＫＣ事件では、被害者が一万二〇〇〇人位出ています。オレンジ共済事件でも何千人もの被害者、和牛預託商法事件でも数千人の被害者が出ています。このような事件の被害者が財産的被害回復をしようと思ったら、やっぱり犯罪者である悪質業者を相手に損害賠償請求訴訟を提起するか、破産申し立てをするしかない。しかし、犯罪者にお金がなければ被害は回復されないし、悪質業者を訴えるのにも裁判費用がかかる。結局、泣き寝入りしなければならない。

悪質商法、詐欺商法による被害者は、お年寄りが多いですね。高齢者がねらわれている。老後の資金を根こそぎとられたお年寄りが、被害回復のために自分のお金で裁判をやらないといけないような社会が、日本です。

アメリカでは、財産的被害事件でも犯罪被害者を保護しようという考え方があり、被害補償制度がある上に、詐欺的被害については、FTC（連邦取引委員会）が詐欺会社に立ち入り調査して、問題がある場合は営業停止処分にするような手続きがある。また、被害が発生したらFTCが原告になって詐欺会社を訴えるようなシステムがあります。そして、裁判でFTCが詐欺会社から取り戻したお金を被害者に配当する制度ができています。したがって、被害者は自分のお金で裁判をしたり、弁護士を頼む必要がないわけです。さらに州レベルでも、連邦レベルと同様に州の司法長官が原告となって詐欺会社を訴え、取り戻したお金を被害者に配当する被害回復の制度があります。

このようなシステムが作られている背景には、詐欺のような犯罪を取り締まるのは、本来連邦や州の責務であり、もし詐欺商法により被害が発生した場合は、連邦や州の責任でお金を取り戻し、被害者の回復をはかるという考え方があるのだと思います。

日本の場合は、被害にあったのは運が悪かった、あるいは被害者にも落ち度があったからだということで片付けられ、被害の回復は自己責任でやりなさいというのがこれまでの基本的な考え方でした。詐欺会社は、基本的には警察が摘発するしかないシステムとなっており、警察が摘発して初めて悪質業者の犯罪が明るみになる。本来は、財務省や金融庁、経済産業省などは、許認可権限を持っているような業者には立ち入り調査や業務停止処分を行うことができます。たとえば、金融庁は銀行や生命保険会社、サラ金会社などに対して立ち入り調査して、問題があれば営業停止や免許取り消し、登録取り消し処分ができる。しかし、詐欺会社はどこかの省庁の免許を受けてやっているところは一社もないですから、詐欺会社に対して立ち入り調査をして営業停止処分にするような監督省庁がないんです。行政改革をするならば、アメリカのＦＴＣのような行政組織をつくる必要があったと思いますが、そういう検討はまったく行われませんでした。警察は被害が拡大したほうが犯罪として立件しやすくなるので、詐欺事件を内偵していても、被害が全国に拡大するのを待っている傾向があります。悪質業者が集めたお金を使い切ったところで詐欺罪で摘発すれば、容易に立件できますから。ところが、その段階では被害者の救済は困難となる。被害を未然に防ぐためには、悪質業者を監督する行政システムを考えなければいけません。

地下鉄サリン事件が発生したことで、日本の被害者救済制度の問題点がクローズアップされ、ようやく法改正の動きが出てきました。しかし、犯罪被害者の救済制度の充実、そして犯罪被害者の権利の確立という点では、端緒についたばかりです。救済の範囲も、経済的被害の救済という問題はまだまだ検討段階に入っていないのです。

犯罪を生み出さない制度づくりとしては、まず警察のあり方の問題がいちばん重要だと思います。警察の不祥事が多発したことがきっかけとなり、刷新会議が開かれましたが、組織のあり方はほとんど変わっていないと思います。私たちは、自分たちの安全を守るために税金を払って警察組織を維持しているわけですから、もっと一人ひとりが、警察組織に対して厳しい目を向けて監視していく必要があるのではないかと思います。

（二〇〇一年三月二五日　立教大学にて）

5　その後の経過

オウム破産手続きの終結

オウム真理教の破産手続きは、二〇〇八年一一月二六日、最後の債権者集会（第一七回）が東京地方裁判所で開かれ終結しました。

破産債権の届出をした地下鉄サリン事件の被害者をはじめとするオウム真理教の犯罪による

生命身体被害者の債権総額は約三八億円でしたが、一二年八か月に及ぶオウム真理教の破産手続きで合計四回の配当が行われ、生命身体被害者に対する配当額は、合計約一五億四二七〇万円となりました。生命身体被害者に対する破産財団からの配当率は三六・八七％ですが、生命身体被害者に対しては、サリン事件等共助基金、オウム真理教犯罪被害者支援機構等の救済支援金が三・五二％上乗せして支払われていますので、生命身体被害者に対しては、合計四〇・三九％の配当がなされたことになります。

私は、オウム真理教破産事件の最後の債権者集会を終えるにあたり、オウム真理教犯罪被害者支援機構、地下鉄サリン事件被害対策弁護団を代表して、阿部三郎破産管財人をはじめとする破産管財人団及び破産裁判所に対し、次のような謝辞を述べました。

謝　辞

私は、オウム真理教犯罪被害者支援機構の理事長、地下鉄サリン事件被害対策弁護団の団長をしている宇都宮健児ですが、オウム真理教破産事件の最後の債権者集会を終えるにあたり、オウム真理教犯罪被害者支援機構、被害対策弁護団を代表して、阿部三郎破産管財人をはじめとする破産管財人団及び破産裁判所に対し、一言謝辞を申し上げたいと思います。

まず、破産管財人の阿部三郎先生及び常置代理人の先生方、一二年八か月もの長期にわたる破産管財業務、本当にご苦労様でした。そして有難うございました。

本件破産事件は、債権者の多くがオウム真理教による未曾有のテロ犯罪の被害者であるという前代未聞の破産事件でした。また、本件破産事件は、管財人団の生命の危険すら伴う異例の破産事件でもありました。

朝日新聞出版から発行された阿部先生の御著書『破産者オウム真理教——管財人一二年の闘い』を拝読させていただきましたが、悩んだ末に管財人就任を決意すると、「どういうわけか、ふと郷里宮城県女川町の山々、そしてそのなかにある子どものころから見上げてきた『三十三観音』と呼ばれる石仏群の連なる山並みのことが思い起こされた。これは無意識に観音様のお助けを求めたことだったのかもしれない。」と記述されていたことが印象に残っています。日弁連会長を経験された阿部先生をしても、本件破産事件は如何に重たい破産事件であったかが窺われます。

難題が山積し生命の危険すら伴う破産事件で、破産管財団は、「被害者の救済」を第一に掲げて活動していただきました。

特に、本件破産事件に関しては、管財人のご報告のとおり、一九九八年の特例法、一九九九年の特別措置法、二〇〇八年のオウム被害救済法という三つの法律が制定されています。一つの破産事件に関連して三つもの法律が制定されることは、過去にもありませんでしたし、これからもないでしょう。

被害者弁護団、被害者の会などと一体となって、阿部先生が各党の国会議員に対する幅広い人脈を生かして精力的な活動をしていただいたことがこれらの被害者救済立法の制定につながったものであり、深く敬意を表するとともに大変感謝しているものです。

また、被害者に対する配当を高めるため、破産手続とは別枠で、被害者救済のための「サリン事件等共助基金」を創設したり、一般債権者の破産債権を「支援機構」に債権譲渡させるというような全く独創的な活動をしていただいたことについても、深く敬意を表するとともに大変感謝するものです。

破産裁判所に対しては、本件破産事件における管財人団の異例の管財業務について、深く理解していただいた上で極めて柔軟な対応をしていただいたことに深く感謝するものです。

本年三月二六日に開催された債権者集会における西謙二裁判長の「被害者救済法が一日も早く実現することを願う」旨の異例のコメントは、被害者救済法成立に向けての大きな後押しとなりました。

さらに、本件破産事件に関連する三本の法律の制定にあたっては、各政党の国会議員、法務省をはじめとする関係行政当局に大いに力になっていただきました。ここに関係者に対し改めて深く感謝申し上げる次第です。

被害者救済法が成立することにより、本件破産手続の配当と合わせて約六割の被害救済が行われることになりますが、残りの四割の被害救済がまだ残されています。今後は破産管財人にかわり、支援機構が全面に出て「アーレフ」や「ひかりの輪」からの回収業務に当たることになりますので、支援機構の役割が重要になってくるものと覚悟しています。今後の支援機構の活動についても、引き続き阿部先生をはじめとする管財人団の先生方にご指導ご協力をお願いする次第です。

以上、長い間本当にご苦労様でした。そして有難うございました。

二〇〇八年一一月二六日
オウム真理教犯罪被害者支援機構理事長
地下鉄サリン事件被害対策弁護団団長
弁護士　宇都宮　健児

オウム真理教犯罪被害者救済法の成立

破産管財人団は、二〇〇七年一〇月、東京地方裁判所で行われた第一五回債権者集会で、破産管財人として「アーレフ」「ひかりの輪」による引受債務の支払としての賠償の実情と今後の支払能力をみるとき、この集団からの賠償金による被害者債権者の救済は限界であると判断し、二〇〇八年三月の集会をもって業務を終了すると報告しました。

これを契機として、被害対策弁護団と被害者の会は、破産管財人と協力して、破産手続きによって救済が受けられなかった被害について、国が補償する特別立法の制定を求めて、各政党、国会議員に対する要請行動を強化しました。

この結果、二〇〇八年六月一一日、第一六九通常国会で、介護を要する後遺障害に三〇〇〇万円、その他の被害に一〇万～二〇〇〇万円の給付金を支払う「オウム真理教犯罪被害者等を救済するための給付金の支給に関する法律」（オウム真理教犯罪被害者救済法）が全会一致で成立し、同年一二月一八日から施行されることになりました。オウム真理教犯罪被害者救済法に基づく給付金の支給対象には、オウム真理教の破産事件で債権届出をしていなかった被害者も支給対象となっており、二〇〇八年一二月一八日から二年間、全国の警察本部で申請を受け付けることになっています。

破産管財人から支援機構への債権譲渡

オウム真理教の破産事件が終結することに伴い、破産管財人は裁判所の許可を受けて、「アーレフ」「ひかりの輪」との間で締結していた損害賠償債務引受契約による残債権をオウム真理教犯罪被害者支援機構に譲渡しています。

このため、現在、支援機構が、「アーレフ」「ひかりの輪」と残された損害賠償債務の支払いについて交渉している状況です。

犯罪被害者等基本法の成立

なお、犯罪被害者の救済に関しては、二〇〇四年一二月一日、犯罪被害者等の保護を図ることを目的として「犯罪被害者等基本法」が制定されています。

そして、この基本法に基づき、内閣府に「犯罪被害者等施策推進会議」が設置され、同推進会議は二〇〇五年一二月二七日、「犯罪被害者等基本計画」を決定しています。

この基本計画に基づき、二〇〇七年六月二〇日、「犯罪被害者等の権利利益の保護を図るための刑事訴訟法等の一部を改正する法律」が成立し、現在、刑事裁判における被害者参加制度（二〇〇七年一二月二六日より施行）や刑事裁判の中で被害者の損害賠償請求ができる制度（二〇〇八年一二月一日より施行）などが導入されています。

6章　道標

1　背筋を伸ばした生き方――藤沢周平作品を読む

染み入る老境の感慨

藤沢さんの小説を読むと、気持ちが清々しくなって、心が洗われるような思いにとらわれます。読後の味わいはじわっと湧き上がってきて、勇気づけられたり励まされたりする。すばらしい文章でつづられていて、しかも表現が非常に抑制されているから、多くの人の心の深部に届くのだと思います。

最近読んだ作品で印象深かったのが『静かな木』という短編で、こんな物語です。

藩の勘定方を引退した主人公、布施孫左衛門は、城下の寺に立つ欅の老木をながめては自分の心情を重ね合わせている。冬に向かって葉を落としていく欅の木を見て、「あのような最期を迎えられれば」と考えたりもする。老境にさしかかり、死が身近となって、それを静かに受け入れたいという心境になっているわけですが、他家に婿養子に入った息子が、果たし合いをするという話を聞く。息子の果たし合いの相手は、かつての上役、現在は藩の中老である人物の乱暴者の息子で、孫左衛門は過去、その上役の金銭がらみの不正の隠蔽を仕方なく手伝ったという貸しがある。その件で家禄を十石減らすことにもなり、自分のとった行動を主人公は人生の痛恨事としているのです。ただ人生は山あり谷ありで、このぐらいの不幸せがあっても最期に静かに死ねればよいという感慨も抱いている。

しかし自分の息子は剣の腕が立たないし、果たし合いの結果がどうであれ、養子に入った先の家には危機が訪れる。自分の痛恨事にかかわる人物の息子によって、いままたわが息子まで窮地に立たされる事態を見過ごすわけにはいかないと、孫左衛門はかつての上役のところへ談判に行き、過去の件と引き換えに決闘をやめさせる手立てを図れと申し入れる。

結局、果たし合いは行なわれず、中老の過去の不正も表沙汰になり失脚します。そして春が来て息子に子が生まれ、孫が生まれた喜びをかみしめながら欅を見ると青葉に覆われていて、「これも、わるくない」「生きていれば、よいこともある」と思う。

という内容です。私も歳をとったのか、老境にさしかかった人物の感慨を描くこうした作品が、心に染み入ってくるようになりました。藤沢さんも歳を重ねていく中で、書くテーマを変えていかれたのだろうと思いますが、晩年の作品には、現代ふうにいえば、高齢者の生きがいをテーマにしたものもありますし、高齢者を勇気づける作品も多いと思いますね。

藤沢作品には武家ものと市井ものがあるのですが、私は下級武士を扱った作品が好きですね。というのも『静かな木』にも感銘するのですが、ただ私は気持ちは若いので（笑い）、下級武士の話がいい。地位や名誉はなくても誇りをもって生き、いざとなったらきちんと責任をもってことにあたるという、背筋を伸ばした生き方をしている主人公たちに元気づけられるのです。

スーパーマンでないからいい

『蝉しぐれ』を映画化した黒土三男監督が高校の同級生で、同窓会で会った際に「『蝉しぐれ』をぜひとも映画化したい」という話をしていて、彼がそれだけ情熱をかける小説とはどんな小説なのかと思って手に取ったのが、藤沢作品を読むきっかけでした。それで『蝉しぐれ』を読んでみたら、本当にいい話でおもしろい。すっかり引き込まれ、虜になったわけです。

それまで、時代小説はそれほど読むほうではありませんでした。時代劇映画のイメージが強くて、スーパーマンが登場して悪者どもをバッタバッタと斬り捨て退治していくという先入観をもっていたからです。それが藤沢さんの作品を読んだら、まるで違う。時代小説のイメージは見事に覆されましたね。

下級武士を主人公にした話が好きなのも、彼らがスーパーマンではないからです。必ずそこには現実の生活がある。食べるために内職せざるを得ないようなリアリティある生活の上にドラマが展開するのです

『用心棒日月抄』シリーズの青江又八郎が用心棒家業に精を出すのも生活の糧を得るためだし、『よろずや平四郎』は生活のためよろず相談を請け負う、まさに弁護士のようなものです（笑い）。みんな糧を得る仕事に追われるという現実があって、そこにさまざまな事件が起こり、ドラマとなってゆく。

主人公たちはまた、性格的にもいろいろ欠点を抱えていたりしている。スーパーマンと違っ

て、弱みもある生身の人であり、そこらへんもちょっとユーモラスでうれしいんですよね。ただ背筋のピンと伸びた、誇りある生き方は共通しています。

ところが私たちが生きる現実の社会は、金、金、金となってしまって、金があれば何でもできると考える人が増えている。モノに関してだけは豊かになったけれど、精神的にはみじめなほど貧しくなってしまったと言わざるを得ません。他人を省みない人間が増え、同時に自分に自信をもてない人も増えています。

藤沢さんの描く世界は、生活は厳しくお金がなくても、誇りをもって生きる人たちが織りなす人生模様です。貧しさの中で、しかし何かキラリと光るものをもっている。しかもその光るものは努力によって磨かれたものでもあるのです。

隠し剣シリーズなどがそうですが、主人公たちはもともと剣術に秀でてはいるのだけれど、ふだん道場に通って努力して腕を磨いている。いかなる現実の中でも、極端に腐ったりせずにそれなりに努力する。こうした誠実さが現在では消滅しかかっているのではないか、ということを考えさせてくれたりします。

「えらい人」の顔

小説を読んでいくうちに、こういう話が書ける藤沢周平という人は、いったいどういう人なのかと思って、『周平独言』『ふるさとへ廻る六部は』『半生の記』などのエッセイ集も読んだのですが、そうしたら藤沢さんのものの見方や考え方に共感することが実に多くて、ますます藤沢さんが好きになってしまいました。

藤沢さんは、「作家というのは決してえらい人じゃない」と前置きして、本当にえらいのは「冷害の田んぼに立ち尽くす老いた農民」であったり、「桶づくりひと筋に生きてきた老職人」だったりすると書いて、こう続けています。

「彼らは、格別自分や自分の仕事を誇ることもなく、えらんだ仕事を大事にして、黙々と生きてきただけである。だが、それだからといって、そういう生き方が決して容易であったわけでなく、六十年、七十年と生きる間には、山もあり、谷もあったはずである。しかし彼らはその生き方を貫き、貫いたことで何かを得たのだ、と私は皺深い農民の顔を写した写真を、つくづくと眺めるのである」（「えらい人」『周平独言』所収）

顔の背後に、ずしりと重い人生が重なって見えるという藤沢さんの感慨は、まさに私の思いと重なるものがあります。

NHKの『プロフェッショナル』という番組に出演したとき、「プロフェッショナルとは何ですか？」という質問を受け、「他人のために頑張れる、一生懸命働いている人」と答えました。番組としてはもっと格好いい締めのことばを期待していたのでしょうが（笑い）、優れた腕をもっている人をプロフェッショナルというのであれば、本当のプロフェッショナルは、家族を養うために一生懸命、漁業や農業、職人仕事に精を出している人たちの中にいると思うのです。

私の父も家族のために頑張って魚を獲り、畑を耕してくれました。だからこそ私も大学に行けた。プロフェッショナルということばを聞いて、思い浮かぶのは父の姿なのです。

重なる父への想い

父は七人兄弟姉妹の六番目で、兵隊として戦争に行き、一〇年間戦場にいて帰国しました。愛媛の実家は長男が継ぎましたから、四男の父は仕事がない。それで父は他人の畑を借りて芋や麦を作り、夏は伝馬船（櫓でこぐ船）で魚の一本釣りをして、生計を立てていました。夕方沖に出てイカを釣り、それを餌に、朝方、流し釣りでハマチを釣る。この時期はほとんど船の上で生活するようなものです。私も一緒に船に乗って、夏は船の中で寝ていました。

そんな半農半漁生活でしたが、下に妹が二人生まれて生活が苦しくなり、私が小学校三年生のとき、豊後水道を渡って大分の国東半島に開拓農民として移住します。

開拓地は山の上のうっそうとした森林で、父は自分の力ひとつで土地を開墾していきました。木を切り倒し、土を掘り返して、木の根や大きな石を取り除き、畑を作る。

冬場に鍬をふるうと振動で手のひらの皮が裂けるんです。子どもの私から見ても痛々しい。その裂けたところにワセリンを塗りこんで、また畑を耕す。そうやってひと鍬ずつふるって畑を広げ、芋や麦を植え、後にはみかんを植え、夜明け前から星の出る時までがんばって働き、子どもたちを育ててくれました。

大学に入学した当時、農村出身者であることにコンプレックスを感じている地方出身の学生も少なくありませんでしたが、私は魚獲りがうまく、芋や麦作りがうまく、おいしいスイカやみかんを作る父を誇りに感じていました。いまでも本当に尊敬していますね。

藤沢さんもご自身の父親について、「営々と働き、死ぬときにも何ひとつ書き残さなかった。父の人生はそれできちんと完結している。余分な夾雑物のようなものは何もなかった。男の生き方としては、その方がいさぎよいのではないかと思うことがある」と書いていますが、こうした文章にしても、「えらい人」とはどういう人なのかという視点にしても、私の気持ちとぴったり重なるのです。こうしたことも藤沢周平さんの作品に惹かれてやまない理由のひとつですね。

自然へのまなざしにも共鳴

自然風景の描写が多いのも、藤沢作品に惹かれた理由です。藤沢さんも農家の次男ですが、私も開拓農家の出身ですから、豊かな自然に包まれて育ちました。もちろん藤沢さんは北国育ちで、私は南のほうですから自然の姿は違いますが、作品には植物や鳥の名前がたくさん出てきますし、四季の移り変わりの描写は本当にすばらしい。

「乳のごとき故郷」というエッセイでは、こう書かれています。

「村のそばを川が流れ、川音は時には寝ている夜の枕もとまでひびいて来た。蛍がとび、蛙が鳴き、小流れにはどじょうや鮒がいた。草むらには蛇や蜥蜴も棲んでいた。私はそのような村の風物の中で、世界と物のうつくしさと醜さを判別する心を養われ、また遊びを通して生きるために必要な勇気や用心深さを身につけることが出来た。私はそういう場所から人間として歩みはじめたことを、いまも喜ばずにいられない」（『ふるさとへ廻る六部は』所収）

作品に描かれる世界はさまざまですが、そのベースに、自分の育った環境や、育ててくれた土地・風土への感謝、親への尊敬の念など、そうした思いをもっていた人なのだと思います。こうしたことも、いまは希薄になりつつあることなのだろうと思います。

私の事務所のある銀座には、自然と呼べるものはほとんどありませんが、それでも街路にこぶしの木があって、わずかながらも、その移り変わりを楽しむことができます。自分が田舎出身だからかもしれませんが、そうした自然の移り変わりを見ると心が和みますし、人間の心を育むうえで、自然とのかかわりあいはやはり大切だとも感じますね。

いまは自然が少なくなり、子どもたちもテレビやパソコンのゲームばかりで、自然とのかかわりあいがどんどん失われています。これでは情緒を育てるといってもなかなかむずかしいでしょう。

自然ひとつをとっても、いまの日本から忘れ去られようとしているものが、藤沢さんの作品には息づいている気がします。

示唆する価値観の重さ

藤沢さんは、いろいろな挫折を経験していますね。結核にかかり、療養後、中学の教師への復職がかなわなかったり、幼い娘さんを残して最初の奥様を亡くされたりしている。そうした苦労や挫折を味わっているから、弱者をいたわる感性をもっているのかもしれません。

実は私も、司法試験は比較的早く合格し弁護士となったのですが、田舎者で要領が悪く、人づきあいもあまりうまくなかったので、勤務していた法律事務所を二度もクビになっているのです。

ホリエモンや村上ファンドのように、一晩で金を何百億も儲ける人物が話題になり、それが強者としてスター扱いされる世の中の風潮ですが、藤沢さんの書いたものは、そうしたことと対極にある価値観に裏打ちされていると思います。

もつべき人間の誇りとは何かとか、日本の社会を下支えしてきた無名の働き手たちのすごさ、こうしたものに目を向ける姿勢を、現代人ももち続けなくてはいけないと感じます。

格差社会の問題にしても、是正していかなくてはならない問題ではあるにせよ、ニートやフリーターといった人たちがもっと誇りをもち、収入格差に押しつぶされず、生き生きと生きることができる社会にしなくてはいけないはずです。

そのためにも藤沢さんが作品やエッセイを通じて示唆した価値観が、現代人の一人でも多くに浸透していかなくてはいけないと思います。

藤沢作品が多くの人に読まれているのは、私と同様、凛々しさとか深い情愛といったものが、日本から失われてきていると感じる人が多いからでしょう。できることなら、これ以上拝金主義にまみれることなく、主人公である下級武士たちのように、凛々しく、背筋を伸ばした姿勢を取り戻したい、と。

ちょっと余談になりますが、藤沢周平の作品と似ているところがあると言われて、山本周五郎も読み始めているところなんです。山本周五郎は下町育ちですし、農家の出身とは違うので、藤沢作品とは趣がだいぶ違いますし、それに藤沢さんと比べると、ちょっと説教くさい（笑い）。ただ『かあちゃん』という作品はすばらしい話ですので、藤沢びいきの方にも、そして子どもたちにも、ぜひ読んでもらいたいですね。

2　仕事力

(1)　弱者から目をそらさない

名誉も高収入もいらない。役に立てればいいんです

現代の風潮として、弁護士になって高い収入を目指す人があるようですが、私にはそれが分かりませんね。日本の「弁護士法」第一条が弁護士の使命について記していますが、「弁護士は基本的人権を擁護し、社会正義を実現することを使命とする」とある。まさにそれこそが弁護士のなすべきことだと思います。

これを具体的に私なりに解釈すれば、この人権を擁護しなくてはいけない「人」の中で、財力や権力を持っている人は自分の権利を自分自身で守れる場合が多い。しかし、どちらかといえば社会的・経済的弱者はそれを守れない人たちなんですね。ですから、人権擁護を目指すという抽象的な言葉は聞こえが良いけれど、これを忠実に具体的に実践しようとすれば、弁護士は社会的弱者、経済的弱者の人権を守り、味方になるという方向が素直に出てくると思います。「社会正義」を実現するというのは不正を許さないこと。どのような権力者であっても、大企

業であっても、ごまかしや不正という最も悪質な行為を放置させない仕事をしていかなければなりません。

私が手がけている仕事には、サラ金からの借金で苦しみぬいて命を絶つような多重債務者や、地下鉄サリン事件の被害者がいます。こういう社会性を帯びている問題にダイレクトにかかわっていく仕事は、やりがいが非常に大きい。

さらに個別の救済だけでなく、法の改正や立法にもつながっています。サラ金問題でも金利引き下げなどの運動をずっと続けてきましたが、一人ひとりの署名が三四〇万集まった時に国を動かすことができた。弁護士というのはそういう感動のある仕事ですね。

父の懸命な生き方が私に誠実さを教えた

今はもう、弁護士という仕事に就いて本当に良かったと思いますが、弁護士に成り立ての若い頃からおよそ一二年間、私は他の弁護士事務所に居候として置いてもらうイソ弁でした。他の若い弁護士が次々と独立を果たしていく中で、私は業績を上げることができなかった。

弁護士が仕事を取ってくるためには、やはり営業力が必要だったのです。しかし、会合などに出かけていって自分の名刺を配るというようなことが、私はどうしても苦手でした（笑い）。だから、毎日、自分の性格には合わない場違いな仕事を選択したかと悩み続けました。長い長い年月でしたね。ですから、サラ金問題に出会い、生涯を通して被害者を救う仕事ができるようになったおかげで、私自身も救われたのかもしれません。

このイソ弁時代のつらい一二年間を頑張り通せたのは、親の仕事ぶりと生き方をこの目で見て育ったからだと思います。私は愛媛県の小さな漁村で生まれましたが、復員軍人で四男坊だった父には自分の畑もない。人の畑を借りてイモや麦を作り、さらに魚を釣って売りに行くことで生計を立てていました。その後、大分県の国東半島に家族で開拓に入り、自分の手で木を倒し、株を起こして新しい畑を作っていった。朝の暗いうちから夜まで、毎日ただ黙々と働く父を本当に尊敬していました。あの後ろ姿があったから、私も逆境を粘り通せたのですね。

(2) 平等にはこだわっている

受験のための塾さえ卑怯だと思っていた

息子の私を大学に行かせようと、父は早くから考えていてくれたようでした。軍隊に入ってから飛行機の操縦を学んだ父は、学校を出ていないけれども数学などが非常によくできた人で、事情が許せば自分も学問をしたかったでしょう。

ただ、私は本当に田舎で暮らしていましたから、子どもの頃は大学という存在さえ知らなかった。だから当時、近所の開拓農家の息子さんが香川大学に通っているというのを初めて聞いて、いったい大学生というのはどういう人かと見にいったほどです(笑い)。学生服を着て青白かったのをよく覚えています。

中学校から、母の実家がある熊本市内の叔父の家に預けられ、市内の学校に通いましたが、私は大学を目指すというより、野球の選手になりたい一心でした。熊本は野球の聖地で、川上哲治選手などが活躍しましたし、優秀な選手はプロに入る時には高額な契約金を受け取ることも知っていました。自分もその高額契約金をもらえば、親に楽をさせられると考えていたんですね。でも私には野球の才能がなくて挫折しましたけれど。

野球選手の夢が消えた私には何の仕事のイメージもなく、進学校へ通いながらクラブ活動の卓球を高校三年までやり続けていました。私たちの学校は東大や京大を目指す学生が多かったので、みんなクラブなんか早くにやめて塾に通うわけです。でも私には変な正義感があって、塾に通うにはお金が必要なのだから、行ける人と行けない人が出てくる。それは平等ではないじゃないか、と思ったのです。高校の授業を同じように受けて、同じ条件で受験に臨むべきだと考えていました。だから、学校の授業を懸命に聴き、教科書で学んだのです。本当に子どもの頃から、平等について敏感でしたね。

どんな職業も等しいという強い思いがある

東大に入学したら、周りはエリートコースを目指して走る仲間ばかりです。付き合い始めて分かったのは、農家とか漁業の家の出身者は、実家の仕事にひどくコンプレックスを持っているということ。だから親のことを隠したがるのですね。

これも実に変だ、と強く思いました。仕事というのは非常に大切なものです。仕事をやることで生活が成り立ち、家族を守り、子どもを育てることができるわけで、どこの親もそうやって黙々と働いて子どもを大学に送ってくれたはずです。

もちろんどのような仕事も社会に必要とされるから成り立っている。まして私は農業や漁業が中心の地域で育ちましたから、そこで働く人々の仕事がどれだけ大変で、しかし有用であるかを知っているし、心から誇りに思っています。そんなこと当然じゃないか、何を今さらと言うかもしれない。しかし日本のエリートたちの心には、第一次産業や町工場などの仕事に対する冷たさが潜んでいるように思います。

だから私たちの暮らしを支えている現場を本気で知ろうとしない。いわゆる机の上であれこれ考えているだけのように感じます。職業には本当に貴賤がありません。自分の子どもにはしっかりと、あなたの仕事のことを伝え、誇りのある仕事感を持たせてあげて欲しいと思います。

(3) 人のためなら、強くなれる

借金問題は必ず解決すると伝え続けたい

私の弁護士業務のほとんどが、消費者金融などからの借金問題です。現在、消費者金融から

借金している人は約一四〇〇万人ですが、その中で多重債務者が増えており、返済に困っている人は二〇〇万人から三〇〇万人に上ると考えられます。業者の取り立ては普通の人には耐え難いほど恐ろしいから、精神的にも追い詰められてきます。

日本の自殺者は年間でおよそ三万人余り、そのうち経済、生活苦で命を絶つ人は七〇〇〇人近い。毎日二〇人にも上るのです。そのほとんどの人の借金問題は必ず解決できたのにと思うと残念でなりませんね。弁護士や司法書士が間に入ることによって、業者は借り手と直接やり取りすることができなくなりますから、まず督促が止まる。利息制限法を超える支払利息も清算することができるのです。

昨年、私たちは、自殺の名所である富士山麓の青木ヶ原樹海に看板を立てました。「借金問題は必ず解決できます」と記し、多重債務問題の被害者団体が二四時間電話を受ける態勢を取っています。その看板を見て電話をかけてきた人が二九人。実際に死を決意して青木ヶ原に足を運んだわけですから、借金問題で苦しみぬいたんでしょう。

これだけ情報が行き届いているように見える現代社会で、借金や多重債務が自分の身に降りかかったらどうするのか。そんな切実な問題についての解決策が届いていない。金融広報中央委員会で、私などが執筆して副読本を作っていますが、学校なら無料でもらえるものです。できれば、社会に出る前に高校三年生くらいには一冊ずつ手渡したい。借金に苦しむ人を作らない努力を惜しんではならないと思いますね。

私は借り手側の味方、ときっちり一線を引く

債務者本人や家族に対してむちゃくちゃな取り立てをする業者は、今も後をたちません。報道されたように「目玉を売れ、腎臓を売れ」といった震え上がるような取り立ても行われている。サラ金問題に取り組み始めた時期には、私のところにも脅迫行為や嫌がらせが確かにありました。闇金のバックは多くが暴力団ですから、借金をしている人たちがこういう取り立てにあうと、どれほどの恐怖を感じるかもよく分かります。

現在は、私への嫌がらせはほとんどなくなりました。業者の行き過ぎが報道され、向こうも警戒を強めているのだろうと思います。ただ、直接に暴力団関係者と顔を合わせて交渉などをしなくてはならない場合は、私の事務所か人目のあるロビーなどで会うようにはしています。

そして、私が肝に銘じているのは、借り手側の立場以外には立たないということ。消費者金融の経営者が会いたいと言ってくることもあれば、某メガバンクが顧問になってくれと言ってくることもありましたが、できるわけがない。その一線はどんなことをしても越えてはならないと思っています。

多重債務問題は、私自身がリーダーの一人として運動を進めてきたわけですから、疑われるようなことはしない。社会的弱者のために強くありたいと思いますね。

(4)　声を上げよ、と伝えたい

若い世代は、実情を知らずに就職していく

消費者金融が、高金利によって多重債務者を作り出している、という実態は、若い人たちにリアルに届いていないと感じますね。どの町の駅前にも大手消費者金融の派手な看板が掲げられている。北海道から沖縄まで日本国中です。テレビCMでは人気タレントが登場して明るい印象を植え付ける。さらに毎年の長者番付では、その経営者が上位に名を連ねるわけです。

これは成功している企業に見えますよ。高い利息で取り立てるのだから、当然会社の利益率も高い。だから若い人は銀行と同じ金融機関だと思い、そこに就職が決まると、いい所に決まったとまず喜ぶ人が多い。

しかし私の所には、消費者金融に就職が決まった人からよく手紙が来ます。みんなまじめですから、その業界のことをもっと勉強し始め、いろいろな本を読む。その中に私の本が含まれているから、矛盾を感じ始めるのですね。そんな手紙や多重債務にかかわる相談のスクラップブックがもう七冊目になりました。

たとえば、就職活動中の大学生からの内容ですが、かねてから就職先の第一志望であった某大手消費者金融から内々定をもらい、とてもうれしかった、と。でも、私の著書『誰でもわか

る自己破産の基礎知識』（花伝社）などを読んで、複雑な気持ちになったと書いています。女性の活用に積極的であり、自分にとっては魅力的な就職先なので入社するつもりだけれども、きっと矛盾した気持ちのまま仕事をすることになるだろう。社会への責任を考えつつも、入社すれば会社の利益を下げるようなことはできない。貸す側の立場として私には何ができるのか、と悩んでいる。

とても真摯な態度ですよね。こういう人は他にも数多いと思う。就職してもその問題意識を忘れないで欲しいと強く思います。

悪しき会社の常識にまひしてはならない

営業上のノルマは、どの会社にも多かれ少なかれ存在するものですが、消費者金融会社の社員へのノルマは常識を超えて厳しい。しかし度を超した取り立てに対して私たちが糾弾すると、「先生、もっとやってくれ」と、そこに勤務する社員から、こっそり私に電話がかかってきます。

つまり彼らはノルマを課せられ、業績が上がらないとひどく責められる立場ですが、それが社会問題化すると、自分たちの会社環境の改善につながるからなんですね。そんなことを頼むなら、君たち自身が立ち上がって、会社改革のために労働組合などを作ってはどうかと提案しても、クビになったら家族を養えないと尻込みしてしまう。

もちろん私も無理強いはできない。しかしだからといって、自分の仕事で人を不幸にしていいのか。確かに第一に悪いのは会社ですが、そのノルマに従って取り立て、結果として自殺に追い込まれた人がいたとき、働いている人間にも一端の責任はある。これはオウム真理教と同じことで、教祖に言われるがままにやったからといって、責任を逃れることはできないのです。

理不尽な職場で働いている人々は、たとえば極度なノルマ体質など、自分の会社の異常なあり方に声を上げなければいけない。自分の仕事が家族や子どもに誇れるものかどうか、自問自答して欲しいと思います。

終章　弱肉「弱」食社会を考える

対談　宮部みゆき

——宮部さんが以前、宇都宮弁護士の事務所で働いていたという話があります。

宮部　法律事務所に勤めていたのは事実ですが、まったく別のところです。そういう話があることは以前、宇都宮先生から「迷惑が掛かっていませんか」と、教えていただきました。

宇都宮　私が岩波新書で『消費者金融』を出したとき、ある経済学者が間違えて、宮部さんは私の事務所に勤めていた体験をもとにして、『火車』という多重債務問題を扱った小説を執筆したと全国紙の書評欄に書いちゃったんです。岩波のホームページにもそう載っていたらしいです。

宮部　多重債務問題は宇都宮先生にお聞きするのが一番ということで、三時間ぐらいでしたかね、銀座の事務所でお話を伺ったんです。もう一二年前ですね。とにかく、ものすごくお忙しそうな先生だと思いました。『火車』にそっくり書いちゃったんですけど、机の端に目覚まし時計が置いてあって、それがプルルとなる時刻が二時に合わせてあったんです。たぶん、仮眠して、夜中に起きて仕事をするんだろう、きっとそういうふうにこの目覚ましは使われているんだなと思って。

宇都宮　それは誤解です。遅くまでやることはありますけど。『火車』を読んだら、溝口弁護士という人物が出てきて、彼のせりふは私が話した内容と重なるんですけど、年齢が七〇歳くらいでね。（笑い）

——どうして多重債務問題をとりあげたんですか。

宮部　法律事務所にいたときに、個人でも破産することがあると知ってすごく興味を持ちました。破産というのは、会社とか法人のものだと思っていましたが、住宅ローンの破綻なんか身近に起こるんですね。私の親の世代か、一〇年ぐらい下かな、マイホームブームがありました。それが今はどうなっているのかなという興味もありました。クレジットカードは当時の私はつくれなかったので、身近ではなかったです。

宇都宮　定職に就いていないと、なかなかつくれないですね。例えば、アナウンサーでも局アナはいいんですけど、フリーのアナウンサーはなかなかつくれない。

宮部　名前が売れている方はいいんだろうけれども。私も本当に苦労しました、つくれなくて。（笑い）

宇都宮　実は取材を受けるまで、宮部さんのこと全然、知らなかったんです。でも『火車』を読んですごく面白いので、それまでに出された作品は全部読ませてもらいました。その後、あれよあれよとメジャーになられた。うちの事務員を募集すると、今は朝日新聞に広告を載せるんですが、だいたい二〇〇人ぐらい応募があって、中にはやっぱり『火車』を読んで来る人も多いです。弁護士が難しい話をするより、小説とか映画とかで、いろいろ理解を広める方が圧倒的に効果があります。

宮部　実際に前線でずっと働いていらっしゃる先生に、そう言っていただけると、本当に張り合いがあります。消費者金融の問題では、その後も様々なことがありましたが——。

CMが借金をあおる

宇都宮　宮部さんが来たときは、まだ商工ローン問題は起きていなかったですね。

宮部　商工ローンはびっくりしました！

宇都宮　「腎臓を売れ」「肝臓を売れ」ですからね。あの被害者が私のところに録音テープを持って相談に来たのが一九九九年です。もともと高利貸の餌食は、一般のサラリーマンとか家庭の主婦が中心でした。ところが、バブルが崩壊して不況が深刻化して、経営が厳しくなった中小零細事業者に対して、銀行の貸し渋りや貸しはがしが進んでいく中で、日栄（現ロプロ）や商工ファンド（現ＳＦＣＧ）といった商工ローンが貸し込んで、厳しい取り立てをする問題が増えてきました。日栄は当時、業界の最大手で、サラ金で言えば武富士に相当する企業でした。テレビコマーシャル（ＣＭ）もよくやっていました。テレビ朝日の『サンデープロジェクト』などのスポンサーにもなっていた。中小企業の味方ということで太陽が出てくるＣＭでした。

宮部　覚えています。だから社名は知っていたけど、不動産会社か、経営コンサルタントか何かだと思って。

宇都宮　ＴＢＳでは『報道特集』とか、日本テレビでは『ウエークアップ！』のスポンサー。報道・情報番組のスポンサーでしたから、当初、問題点があまり報道されませんでした。それから、ここ数年はサラ金とかクレジットで借金を負っている人、商工ローンで借りている中小零細事業者のさらに上前をはねるようなヤミ金融がどんどん増えました。バックは暴力団で、サラ金や商工ローンどころじゃない年何千パーセント、何万パーセントという高利で、多重債務者を狙い撃ちして、暴力的な取り立てを繰り返してきました。問題はどんどん深刻化してきました。

宮部　最近、大手の銀行も別会社で、個人向けのキャッシングを派手にやっていますよね。特に私は東京三菱系がやっている「たまにはババンと！」というCMが、もうトンデモないと思っているんです。あの彼女、いつも彼にたかるばかりですよね。旅行に連れていけとか、今度は大リーグを見たいとか。その前はおすしを食べに連れていってもらって、自分は高いものばかり食べて、彼氏は横でかっぱ巻きを食べている。それでたまにはババンと金を借りて払えと言っているわけです。どこかの信販会社のCMでは男の人が女の子を背負って、女の子は後ろで「あれ買って、これ買って」と言っているのもありました。下品ですし、これほど女性をばかにしたCMはないです。お金を借りて豪遊しろと勧めて、最後に活字で「計画的なご利用を」と出してごまかしているのが問題です。CMの在り方をもう少し考えてほしいです。

宇都宮　借金をあおるCMや利息制限法に違反する高利のCMは問題です。利息制限法では元本に応じて一五〜二〇％を超える金利は払わなくていいんです。しかし、テレビでCMをやっている貸金業者がそんな金利で貸しているなんて誰も思いませんよね。「ご利用は計画的に」という文句は「利息制限法以上は払う必要はありません。払いたければ勝手にどうぞ」という文句に変えないといけない。新聞報道によると、サラ金のテレビCM料は在京キー局五社で年間およそ三〇〇億円にのぼります。しかし、そのCMで、多重債務者が生み出され、さまざまな問題が起きていることを、テレビ局にはよく考えてもらいたいです。

カルトに似ている企業

宮部　商工ローン事件では、「腎臓を売れ」とか脅かしている人ってすごく若い人でしたね。

宇都宮　そうそう。誰でも最初、あれは回収を頼まれた暴力団だと思うでしょう。実際は、日栄の社員なんですね。普通、弁護士が入ると取り立てが止まるので、それで一件落着にすることもできたんですが、あまりにもひどい取り立てだし、それが全国的に行われているのは放置できないので、刑事告発し、その青年は逮捕されました。大学の経済学部を出て日栄に入ってまだ二年もたっていなかった。裁判を傍聴したら、お母さんが情状証人として出ていました。新聞配達をしながら学校に通い、大学まで進んで、こんな親思いのまじめな子供が何でこんな罪を犯すか、親としてわからないと話していました。日栄では過酷なノルマがあって、それを達成するためにマニュアルもあったようです。ごく普通の、背の高い細身の人でね。それが、ああいう取り立てを現実にやっていた。

宮部　巻き舌でね。彼は大学を出て上場企業、いい会社に入ったわけですよね。そういう人が、あんな脅し文句を電話で言わなきゃならないようになって、それが日常になってしまうまでに、いったい何があったんでしょう。何が、お母さん思いのおそらく働き者で勉強熱心な人を、そうさせたのか。日栄という会社はどうやってそうさせたのか、興味がわきます。カルトに似ていますよね。

宇都宮　まさに企業の形態を取ったカルト宗教です。会社が一つの閉ざされた社会になって、その中では、そうしないと批判されるし、上司から怒られる。給料を下げられたり降格されたりクビになったりする。盗聴で前会長が起訴された武富士も同じです。やっぱり業界最大手で一部上場。日栄よりすごいのは日本経団連にも加盟していて、利益からすれば日本のトップ企業です。やっぱり大変なノルマがあって、一時は月に百時間以上残業するのが当たり前のような状況でした。だけど二五時間しか残業手当がもらえず、あとはサービス残業。店舗には前会長の写真が飾ってあって、社員は毎朝出社すると写真に向かって「会長、おはようございます。本日もよろしくお願いします」とあいさつし、帰るときは「会長、お先に失礼します。明日もよろしくお願いします」とお辞儀していたそうです。それをやらないとまた怒られちゃう。ボーナスをもらうと、会長にお礼の手紙を出す。お歳暮、お中元を会長あてに送るのも慣習になっていたようで、商品券を送った社員が上司からえらく怒られたらしいんですね。うちの会長は日本一の金持ちなんだと、商品券を送るとは何をねぼけているんだと。もっと地方のね……。

宮部　おいしいものとか名物とか。

宇都宮　そういう笑い話まで伝わってきます。借り手の支払い能力を超えた過剰融資や厳しい取り立ては、そういう社内体制の裏返しです。武富士の体制をあるジャーナリストはカルト宗教と軍隊が一緒になったような組織だと言いました。近代的な株式会社という形態を取っているけれど。

宮部　脅しの言葉も、社員の一人としてなら言えちゃうのかもしれないですね。最近、私も携帯電話を使い始めて、一番びっくりしたのが架空請求です。あれもやっぱり捕まえると若い人ですね。見ず知らずの人にいきなり電話でお金を請求する。それでお金が振り込まれればラッキーというわけです。何かこうプチッと切れて心が空白にならないと、すごい脅しの言葉を吐いたり、自分の親ぐらいの年齢の人にいきなり三〇万円払えとか四〇万円払えとか要求したりできないと思います。その空白が読めないですね。今、二〇代ぐらいの人はバブルの時代、まだ小学生とか中学生ぐらいで、大人がお金に躍っていても、実感として「世の中、お金よね」とは感じなかったはずです。その後は、バブルがはじけて大人がしゅんとなって、不景気がずっと続いて、「ああ、バブルは長続きしないんだよな」と達観しながら育ってきた。そのせいで、むしろ人間の心と心のつながりみたいなものをとても求めている。愛が何より大切だ、仲間が何より大切だ、孤独は嫌だという気持ちがすごく強い。それが心配な方向に働くことがありますね。出会い系サイトで会った人と心中しちゃうとか。依存症みたいに携帯電話を手放せないとか。一人になれないとか。一人になれない若者が増えると、私たち本を書いている人間はすごく困るんです、本は一人でないと読めないので（笑い）。不思議なのは、その一方で遊ぶ金が欲しい、お金がなければ何もできない、お金のためなら「えっ？」というようなことをやっちゃう。援助交際をする女子高生だって、最近は女子中学生が主流だそうですけれど、ずっと愛し合える彼が欲しいと考える一方で、お金になるからと、知らない人と取引しちゃう。正直言って、このギャップがわからなくて、今、現代物のミステリーで若い人を書くときに、手が縮んでしまいます。誤解であろうと、それはあんたの思い込みだと言われようと、何となくわかったような気になるまでは、私は書けないんじゃないかと思うくらいです。

匿名性が普通の人を大胆にさせる

宇都宮　架空請求も「オレオレ詐欺」もヤミ金融と同じように暴力団が操っています。ヤミ金融の融資を省いて、取り立てだけするのが架空請求というわけです。山口組の五菱会（現二代目美尾組）系ヤミ金融グループが摘発されて、だんだんわかってきたのは、末端の取り立てをやっているのがほとんど暴力団員じゃないことです。フリーターや、場合によればリストラされた会社員です。就職情報誌で募集しています。もちろんスポーツ紙とか一般の新聞なんかでも。だいたい金融・ファイナンス部門で「茶髪オーケー、ピアスオーケー」という広告がそうです。給料はだいたい二七万～五〇万円ぐらい。五菱会系なんかはね。それから店長になれば一八〇万円以上出すということで、応募してきた人に、貸金業の登録をさせて、そしてマンションの一室で電話をさせて、ダイレクトメールは名簿屋から買った全国の多重債務者とか自己破産者の住所に出す。背景にはやっぱり就職難があります。若年層の失業率は今かなり高い。大変な高収入だから、行っちゃう。私の事務所にはそういう仕事を辞めたいのに辞めさせてくれないという相談もあります。就職したが、様子が変だぞと思って、辞めようと口に出した途端に集団リンチを食らったとか。奥さんからの相談もあります。五菱会系だけでヤミ金融を一〇〇〇店もっていました。組員が二〇店ぐらいずつ統括して、そのピラミッドの頂点に、二〇〇三年八月に逮捕された梶山進という「ヤミ金の帝王」がいました。

宮部　私の仕事場のファクスにも時々、どこから番号が漏れるのか、「社長様」「運転資金即決融資」というのが来ます。「こういうのは流さないでくれ」と返信しようかなと思っても、まあ、余計なことをするのはやめて、私、紙は必ず裏も使うんですけど、さすがにその紙だけは裏を使う気にならなくて、破って捨てちゃうんです。ただ、それだけなんですね。こっちが例えば、じゃあ、貸してくださいと反応すると、あとは電話でやりとりして口座にお金が入るんでしょう。返済も口座に返す。生身の人間の介在がないですね。

宇都宮　匿名性ですね。これが人をかなり大胆にさせています。ヤミ金融の多くは非面接型といって、お金を借りる人と対面しない。ほとんどダイレクトメールと電話だけ。目の前の人を怒鳴ったり、殴ったりするのは抵抗があっても、相手が見えないと乱暴にやれる面があります。最近は、これだけ言ったら相手がどれだけつらい思いをするか想像する力の欠けた人がすごく増えています。ヤミ金業者を呼び出したことがあるんですが、ついこの間までサラリーマンだった人でした。「あんた、こんなことやってていいのかい」と言ったら、「いや、私もこの商売を辞めようと思っているんです」と。新橋駅前でテレビのインタビューを受けているようなごく普通のおじさんですよ。人間性が変わるようなことをやらざるを得ない、あるいはやっちゃうというのは怖いです。

宮部　そこにも断絶がありますね。いつもの自分と、やっぱり仕事は欲しい、一家の大黒柱で住宅ローンを抱えて、子育てもある、だからやっちゃうよという自分。わかっちゃいけないのかもしれないけど、想像はできます。自分としては辞めたいと思っても、身動きが取れなくなってしまうのでしょう。

宇都宮　日栄の問題が出たころ、テレビでコメントするたびに、日栄の社員から「もっと言ってくれ」と電話がきました。それで「自分でも告発しないんですか」と聞くと、「そんなことしたら即、クビになっちゃう」と言う。うちの若い弁護士は「何でそんなところに勤めているんだ。きっぱり辞めなさい」とか言うけど、そうスパッといかないのは、私はちょっと年を重ねているからわかる。武富士だってそう。人間性が奪い取られ、人権無視がまかり通って、まったく前近代的です。しかもそういうところほど収益を上げている。

宮部　風通しなんてまったくない。昔の日本の企業社会って終身雇用制で、会社がおうち。

すべて会社のため。それがよくないから変えてきたはずなのに、よい部分が先になくなって、滅私奉公のようなよくない部分が残っている感じです。一種のカルトのようなところは詐欺商法にも見られますね。

被害者が加害者に転化する

宇都宮　同じですね。最近の詐欺商法は、ただ物を売るだけじゃなくて、サークルのように人間的なところを大切にしながらやっています。ただ、信仰の対象は金もうけです。どれだけ警察に摘発されても、中核の結束は変わらず、自分たちはいいことをやっていると堂々と主張するグループもあります。オレンジ共済とか、ＫＫＣ（経済革命倶楽部）とか、一昨年摘発された全国八葉物流も刑事裁判を見に行きましたが、必ず、そのグループの中核の人たちが傍聴に来るんです。普通、詐欺罪で捕まったらみんな恥ずかしくて関係者は来ません。それが、開廷前、静かにしている時に堂々と近づいて行って、「会長、頑張って」なんて応援する。そうしたら被告人も「頑張るからな」なんて言って、全然悪びれていない。最近のもうひとつの特徴は、ＫＫＣや八葉物流がまさにそうですが、本社の社員は数人で、あとはピラミッド型組織で新しい会員を増やせば増やすほど地位が上がり、収入が増えるシステムをとっていることです。

宮部　ステージが上がるんですね。

宇都宮　ですから、出資した最初は被害者ですが、他人を勧誘して入れることによって、ステージが上がり、紹介料をもらえるから、周りの人、友達をだましちゃうことになる。ひとを犠牲にして自分が上がる。被害者から始まりながら、だんだん加害者に転化するわけです。弱肉強食ではなく、弱肉「弱」食です。そういう組織を維持するには結束が必要になり、宗教的な雰囲気がでてくるわけです。自分たちがやっていることは正しい、これで幸せを得られるんだ、と。発表会で「私は成功しました」とやって、もう熱狂的な雰囲気の中で、末端の人も自分も頑張れば上に上がれるんじゃないかと思いこませるわけです。ですから、扱っている商品の質がいいとか低価格であるとかはどうでもいい。人間を組織する組織販売とか人買い商法といわれます。

宮部　テレビで発表会の潜入ルポを見ましたが、ほとんど熱狂状態ですよね。コンサートみたいな感じ。本当、先生も携わった豊田商事事件とは全然違いますね。

宇都宮　豊田商事事件では被害者はずっと被害者だったんです。七五〇〇人の従業員が三万人ぐらいのおじいちゃん、おばあちゃんから二〇〇〇億円ぐらいだまし取りました。豊田商事の従業員は一人だませば、その金に応じて歩合がもらえるシステムでした。いずれにせよ、そういう大がかりな詐欺商法を仕掛ける基盤のひとつが人間のネットワークなんです。ですから、破綻したら足を洗うのかというと、また昔の仲間が集まって同じようなことを繰り返すんですね。今は仕事がないでしょう。それで結局、詐欺師が増えている。八葉物流では一億円以上もうかった人が、本部の幹部以外に一〇人ぐらいいました。五〇〇〇万円以上が五〇人くらいいるわけです。こつこつ働いて、それこそ一〇万円、二〇万円のアルバイトをやったりするのがばからしくなっちゃう。そういうところで培われた人脈が延々と生き続け、共通語で話せる一つの世界が出来上がっちゃうんですね。

宮部　ひと時代前の詐欺商法の残党が散って、そこからまた新しいものがでてくる。最近はマルチ商法でも一見、マルチだとわからない形になってきているそうですね。

宇都宮　そうです。ＰＴＡとか父母会なんかに浸透しているケースがあります。批判すると、仲間外れにされるほど組織化が進んでいるところがあるようです。名前は言いませんけど。実はうちのかみさんも以前、子供の同級生のお母さんから薦められて健康食品を買っていました。「これだけか」と尋ねると、浄水器も。（笑い）

宮部　その会社より後発の会社ですが、私も勧誘されたことがあるんです。もらったドリンクが気に入って、これを買うだけなら会員になってもいい、ただし、子会員も孫会員も一切持たないし、商売はしないと言ったんですけど、スターターキットというんですか、ものすごい書類とファイルが送られてきました。何となく嫌になって、やめちゃいました。

宇都宮　よかったですよ。いや、向こうとしては惜しかったなと思っていますよ。宮部さんも飲んでる、会員だとなれば広告塔として絶大ですからね。（笑い）

自分以外の人生がわからない

――最近、印象に残った事件は何かありますか。

宇都宮　去年の六月、江東区で無職の一六歳の少年二人が、ホームレスを川に追い込んでおぼれさせて殺した事件です。二人は「ホームレスは人間のくずだから死んでもいいと思った」と言っている。これは匿名性じゃない。目の前の人間を川に追い込んで殺しちゃった。こういうことが平気でできるというのが、大変怖い。ホームレスは多重債務者で、借金を抱えてしょうがなくそうなっている人が多いんです。この前、話を聞いた人は、リストラされて家賃が払えなくなり、背広のままアパートを追い出され、一週間、飲まず食わずで公園で水だけで過ごしたそうです。ついこの間まで正社員だった人です。少年からすれば、自分のお父さん、お母さんかもしれないわけです。少年たちだってそう恵まれた環境にいるわけではないでしょう。私は通勤で毎日、総武線で隅田川を渡るんですが、いつも気になるのは川の両側にずらっと並んだ青いビニールシートのホームレスの住まいです。どんどん増えていっている。自殺者も、夜逃げも増える。そういうことがきっかけになって犯罪も増えます。

宮部　あの事件はよく覚えています。うちの近所ではホームレス同士のいわば生活圏争いで殺人事件があったんです。橋から投げ落としたらしいんですけど、近所の人に聞いたら、欄干に血痕が付いていたそうです。ああ、あそこから投げ落としたんだね、なんて話して。目と鼻の先の公園で、どういう生活をしていたのかわからないけれども、本当にいたたまれない。やりきれない話でした。隅田川沿いのブルーシートのテント村はいつだったか、大雨が降って冠水しちゃったことがあるんです。それを機に撤去されてしまうのかなと気にしていたんですけど、行政も、今、このご時世でちょっと無慈悲すぎることはやりませんでした。ただ、地元の住民として公園なんかで、「やっぱりなかなか共存はつらいな」と思うことも確かにあるんです。それはお互いにそうだと思うんです。事件を起こした少年たちみたいな考え方は言語道断ですけれども、じゃあ、そっとしておいてあげようよというだけでもいけない。できるだけいい形で社会の中で健康的な生活を取り戻せるように、手を差し伸べていけるところはやっていくべきですね。

宇都宮　やっぱり行政がもっとバックアップしないといけません。ホームレスはもう四七都道府県いないところはなくなっているのに、彼らを保護する更生施設はまだ大都市にしかない。生活保護だって住民票がないと支給されない。生活保護法には本当はそう書いてないそうですが、どの自治体も予算の切り詰めで、生活保護をどんどん切る職員が出世するといいます。もう少し配慮や対策が必要でしょう。教育もそうです。子供たちがホームレスに石を投げて問題になると、校長先生が全校集会で命の大切さを説くけれど、それを一〇〇回やるよりも、ホームレスを学校に連れてきて、何でそういう境遇になったのか、話をしてもらう方が教育になります。

宮部　そうですね。みんな自分以外の人生、直接知らない人生がわからない。例えばお父さんはサラリーマンで、お母さんは専業主婦で、子供たちが大きくなったらパートで働いて、趣味でお花を習っていますという、そういう生活はわかる。だけど、例えば、商売しているうちで、一年三六五日お父さん、お母さんが働いているとか、それからお母さんが看護師さんで夜勤に行って、夜は子供たちだけで留守番しなきゃならないとか。お父さん、お母さんの体の具合が悪くて、あるいは亡くなって、片親で子供たちと協力し合っているとか。逆に何世代かの大家族だとか。こういうのはわからない。せっかく、自分と違う状況に置かれた人について書かれた、別にドキュメントじゃなくても、小説にしろ、読みやすいものがいっぱいあるのに、それが届かないんです。読書人口は決して減ってないと思うんですが、ただ、読む人と読まない人の明確な線引きができてしまって、片方には「読む」という選択肢が最初からない。活字は教科書でしか見なかったし、学校はつまらなかったという人たち。私も学校は嫌いだったからよくわかるんですけど（笑い）。活字で書かれている人間の気持ちとか、自分が知らない生活を読んで「へえー」と思うことが、まずどんなことなのかわからない子供や若い人がやっぱり増えていると思うんです。それこそ、思春期の失恋の痛みで、もう毎日、毎日、涙が出て止まらないとなれば、私たちの世代も、もちろん友達にも話して慰めてもらいましたけれども、やっぱり『若きウェルテルの悩み』とか読んだと思うんです。そういう回路があった。それがあれば、人間が悩むのは、日本であろうと外国であろうと何十年前であろうと一緒なのよ、人間は悩んで大きくなるのよ、そういうCMもあったのよ、野坂昭如先生もそうおっしゃっているのよ、と言えるんだけど（笑い）。ところが、その回路がないし、興味もない。そうするとやっぱりほかの人間に頼るしかない。それが群れたり、ネット社会の知らない人とメル友になったり、その数を増やして安心することでしょう。そこでなら自分の悩みを何でも話せる。すぐに慰めてもらえる。ああ、自分一人じゃないんだと。すごく温かいものだと思うんですよ。名前もわからなくても、メールを打ったら、五分で「つらいでしょう。一緒に私も泣いてあげる」と返信がある方が本当の心と心のつながりよ、と言われたら、反論する言葉がないです。活字で物語を書いている人間としてはとても辛いんですが、それが私のここのところの体感なんです。

宇都宮　「一緒に泣いてあげる」が突き進むと、一緒に自殺しちゃうわけでしょう。

宮部　そうでしょうね、きっとね。すごく安心して死ねるんじゃないでしょうか、一人じゃないから。

麻原に借りを返さなければならない

宇都宮　連続女性殺人を描いた『模倣犯』は何か具体的な事件を念頭に置いて書かれたんですか。

宮部　特にモデルはなかったんですけれども、ちょっと意識したのはやっぱり宮崎勤事件です。ただ、犯人像はまったく違いますので、その部分はまるっきり創作です。宮崎事件はものすごく怖い事件でしたし、あの事件の以前と以降で、私たち、報道を見て事件を受け止めるポジションが、変わったような気がするんですね。もちろん恐ろしいし、被害者の方、ご遺族にはものすごく同情するけれども、どこか誰もが持っている闇みたいなものを刺激されてしまったところがあって。ああいう犯罪が社会の象徴として認知されちゃったのは、あの事件がやっぱり節目だったんじゃないかと思うんです。その辺は盛り込みたかった。でもそうする以上、事件で傷ついている人のことはきちんと書かなきゃいけない。私は女性という性なので、まだ圧倒的に殺される側の性ですから、すごく苦しかったし自己嫌悪も覚えましたが、できるだけそれを目いっぱい想像して一生懸命書きました。

宇都宮　『模倣犯』は犯罪被害者の家族の心理状態とか、置かれている状況がすごくよく書かれていました。私は地下鉄サリン事件の被害対策弁護団をやっていましたので、実はそれとダブらせて読みました。あの事件では一二人が亡くなり、五五〇〇人が受傷して、重い後遺症の人もいます。

宮部　ちょうどあの作品を「週刊ポスト」に連載しているときに、オウム真理教の一連の事件があったんです。それで担当の方に「大変、申し訳ないんですけれども、この作品の中ではオウムの事件に関しては一切触れません」と言いました。私は験をかつぐところがあって、実在の事件とシンクロさせると本当にそのことが起こりそうで嫌なんです。似たような事件が起こってはとんでもないので。これは一九九五年から一九九六年に起こったことだと書いてあるのに、そのときに実際に起きた社会現象が何一つ書いてない、作り事ですよと、特にこの作品は書きました。もう一つ、オウム事件について書かなかった理由は、やっぱりすごくあの事件から影響を受けていたからです。ここでオウム事件を出しちゃうと、テーマがダブる。私が書いた「ピース」と呼ばれる犯罪者の綱川はある意味でやっぱり「グル」になろうとした人間ですから、もしそこにオウムの教祖・麻原（彰晃）を出してしまうと、主人公が二人出てきてしまうことになるんです。

宇都宮　小説では触れなかったにしても、実際、オウムをどういうふうに見ていましたか。

宮部　すごく大風呂敷になってしまうんですけれども、私は今も本当に悔しいです。まず、幹部がだいたい私と同年代からちょっと下ぐらいです。二、三冊、教団の本も読んでみたんですけど、まず文章を直したくなりました（笑い）。あれはたぶん教祖の語ったことを録音して、説法を書き起こしたものだと思うんです。ですけど、実際に多くの若者があれを読んで心を動かされた。それと、SF作品や伝奇小説からいろいろとおいしいところを引っ張ってきて、それを教義の中に入れていた。それも腹立たしい。あの教団に入っていった人たちが、やっぱりあまり本を読んでいないんじゃないか。それまで読む習慣があった人もなくなってしまった。創作の嘘に免疫がなかった。そして、あの麻原という人の作り出した物語に、私たち職業作家が一〇〇人、二〇〇人、束になってもかなわなくて、結果として多くの方々が殺されてしまった。物書きでおまんまをいただいて生活している私たちのような人間は、これを不覚と感じるべきだろうと当時思いましたし、今も思っています。ものすごく悔しいです。どうして麻原に勝てなかったんだろう、と。

当時のテレビのニュース番組で、脱会したオウム信者をお寺のご住職がカウンセリングする様子を紹介していたことがあります。いろいろお話をして、岩波新書の『仏教』という本を一緒に読むことから始めたそうです。仏教を学びたい人が最初に手にする定番の本なんですね。二〇代くらいの若い人ですけど、自分で一〇〇〇円もしないその本を買って、一冊読み通すことができなかったばっかりに、これから先の人生さえ失いかねないことになっちゃったんですね。やっぱり一人で本を読めるようになってほしい。そのためには、私たちが「さあ、書いたから読んで」ではだめです。私は娯楽本だからもちろんですが、歴史書とか学術書とか、いろいろな学問、宗教の入門書も「いい本を書きました。さあ、読まないとだめよ。読まない人はいけないんだよ」では、もうだめだろうと思う。やっぱり読んでもらうための努力が求められる。私みたいな娯楽本の物書きの役目は、まずできるだけ幅広く、読書の楽しみを提供して、この人だったらお金と時間を割いてもいいなと思ってもらう、正しい商売を続けていくことがまず大事ですが、もう一つは、やっぱり活字に親しんでもらうきっかけをつくることだと思っています。もしかしたら一生を左右するかもしれないような大事な本との出会いを見逃さないようにしてもらう仕事もできるんじゃないか。ものすごく遠回りですけど、そういうことを地道に続けていくことで、私は麻原に、この悔しい借りを返さなければならないと思っています。

宇都宮　地下鉄サリン事件などで四五〇〇人ぐらいのオウム信者が逮捕されましたが、そのうち一二〇〇人ぐらいがまた元に戻って、アーレフと名前を変えて、今一〇〇〇人以上の信者がいます。本当に反省しているなら解散してもらいたいし、本人たちの意思でやめられるんですが、いったん親元に帰っても、結局、教団に戻ってしまう。信者にとって相変わらずアーレフは居心地のいい場所。あれだけの大事件で有罪の判決、死刑判決が出ているにもかかわらず、まだ残っている。だから、逆に言えるのは、日本の社会には、そういうものを生み出す要因がたぶんあるということです。そのひとつは、今の社会は人間的な結び付きがばらばらですよね。そういう希薄な関係が寂しくて、宗教活動をしている人は多いんじゃないでしょうか。

あとがき

弁護士になって三八年になります。

三八年間の弁護士生活で一番辛かったのは、勤務弁護士すなわちイソ弁時代の一二年間でした。自分の仕事がなく、なかなか独立できなくて悶々として日々を過ごしていました。

一時は、自分は弁護士に向いていないのではないだろうか、大分の国東半島に帰ってみかん農家を継ごうかと考え、悩んだこともありました。

そのような私の弁護士人生の転機となったのは、サラ金事件との出会いです。

当時のサラ金被害者の多くは、サラ金業者の厳しい取り立てに追われてみなやせ細り、青白い顔をして相談に訪れました。半ばノイローゼ状態となり、手首を切ったり睡眠薬を大量に飲んだりして自殺を図ったことのある相談者も珍しくありませんでした。

このようなサラ金被害者の相談を受け、一人ひとりを救済する中で、徐々に弁護士としてのやりがいを感じてきました。サラ金被害者の救済をする中で、ある意味では私自身も救われたのだと思います。

こうして私は、三〇年近くサラ金・クレジット事件、多重債務問題に取り組んできましたが、最近では、多重債務問題の背景に貧困問題があり、貧困問題の解決なくして多重債務問題の根本的解決が考えられないことから、湯浅誠さんらと反貧困ネットワークを結成し、反貧困運動にも関与するようになっています。

私の父は、復員軍人で生まれ故郷の愛媛県の小さな漁村に復員後、他人の畑を借りて芋や麦を作ったり、伝馬船（櫓で漕ぐ船）で一本釣りをするなど半農半漁で生活を立てていました。私が小学校三年生のとき、私の一家は大分県国東半島に開拓農家として入植しました。両親は森を切り開いて、少しずつ畑を広げていきました。私は、愚痴もこぼさず、朝暗いうちから夜遅くまで大地に立ち向かい、黙々と開墾する父の後ろ姿を見て育ちました。私は、このような父を大変尊敬しています。

幸いにして、両親は今も健在で、今年で父六男は九三歳、母壽子は八六歳になります。二人で支え合いながら、国東半島で細々と現在も農業を続けています。

日本の社会は、私の父や母のように黙々と働いてきた名もない農民や漁民、労働者などによって支えられてきたのだといつも思います。このような人、一人ひとりが大切にされる社会、尊敬される社会にしていかなければと思っています。

本書は、花伝社の平田勝さんに勧められて、私がこれまで新聞・雑誌などに寄稿した論文やエッセイ、私の講演やインタビュー、座談会の記事などを一部加筆訂正してまとめたものです。

私の取りまとめがいつも遅れがちで、花伝社の平田さんには大変迷惑をかけてしまいましたが、根気強くつき合っていただいたことを深く感謝申し上げます。また、対談記事の収録を快く了承していただいた宮部みゆきさんに対しても深く感謝申し上げます。

私がこれまでさまざまな事件に取り組むことができ、また被害対策弁護団の活動や高金利引き下げ運動、反貧困運動などに参加することができたのも、私の事務所の弁護士や事務局職員の理解と協力があったからです。改めて事務所の弁護士・事務局職員に対し深く感謝したいと思います。

また、私が三八年間弁護士として活動してこれたのも、家族の理解と支えがあったからだと思っています。私が取り組んできた事件や活動の関係上、家族にはかなり怖い思いをさせたり心配をかけたのではないかといます。なかなか面と向かっては言えないので、この場を借りて妻美佐子、長女友恵、長男健太郎にお礼を言いたいと思います。

最後に私が今日あるのは、戦後の苦しい中で、私を育ててくれた両親のおかげであると思っています。深く感謝するとともに両親の長寿を祈りたいと思います。

二〇〇九年九月一四日

弁護士　宇都宮　健児

初出一覧

はじめに

「父の働きぶりに学ぶ」（『東京新聞』二〇〇五年三月五日）

「家族のために働き続けるのが私の原点」『キャリアガイダンス』（リクルート）二〇〇六年五月

1章　魂の仕事人

「魂の仕事人」（人材バンクネット　二〇〇六年四月三日、四月一〇日、四月一七日、四月二四日、五月一日、掲載）

2章　貧困の連鎖

1～5　愛媛新聞の連載コラム（二〇〇四年四月二二日、二〇〇七年八月五日、二〇〇七年九月九日、二〇〇七年一二月二三日、二〇〇七年五月二七日）

6「サラ金・ヤミ金を切る」（『消費者情報』二〇〇七年一〇月号）

7「高利被害の根源は貧困」（『月刊民商』二〇〇八年六月号）

3章　サラ金・ヤミ金・高利金と戦う

1「日栄の脅迫的取立て」（全国クレ・サラ対協三〇周年記念誌）

2「サラ金・ヤミ金の現状と問題点」（二〇〇七全国消費者大会資料）

3「貸金業法の改正と今後のとりくみ」（『消費者法ニュース』二〇〇七年四月号）

4「利息制限法は高すぎる、更に引き下げへ」（『消費者法ニュース』二〇〇七年四月号）

5 「グレーゾーン金利廃止で消費者金融業界、多重債務者はどうなる」（『月刊タイムス』二〇〇七年）
6 「改正貸金業法の施行状況と貸金業界の巻き返しの動きについて（『消費者法ニュース』二〇〇八年四月号）
7 「感動をありがとう」（『平成の乱——借金で苦しまない社会を』まえがき）

4章 反貧困ネットワーク
1 「反貧困ネットワークの結成」（二〇〇八年日弁連人権大会基調報告）
2 「〇八年春闘で労働運動に期待する」（『月刊全労連』二〇〇八年二月号）
3 「高金利引き下げに向けた幅広い全国民的ネットワークの形成——中央福祉協、連合との連携」（全国クレ・サラ対協三〇周年記念誌）
4 「福祉と労働——「派遣村」に見る」（『法と民主主義』二〇〇九年四月号）
5 「現行労働者派遣法の問題点とあるべき改正案について」（『週刊金曜日』二〇〇九年一月一八日）

5章 地下鉄サリン事件被害者対策弁護団長として見えてきたこと
「地下鉄サリン事件被害者対策弁護団長として見えてきたもの」『犯罪被害者支援を考える』（編集・発行 都子基金）

6章 道標
1 「藤沢流『えらい人』が教える凛々しさ」（『望星』二〇〇六年一一月）
2 「仕事力」（朝日新聞 二〇〇八年四月六日、一三日、二〇日、五月四日）

終章 弱肉「弱」食社会を考える
「ヤミ金 オレオレ オウムの世界」（『論座』二〇〇四年五月）

宇都宮 健児（うつのみや　けんじ）
1946 年　愛媛県に生まれる
1969 年　東京大学法学部を中退、司法研修所入所
1971 年　弁護士登録、東京弁護士会所属
以後、日弁連消費者問題対策委員会委員長、日弁連上限金利引き下げ実現本部本部長代行、東京弁護士会副会長、豊田商事破産事件破産管財人常置代理人、ＫＫＣ事件・オレンジ共済事件・八葉物流事件被害対策弁護団団長などを歴任
現　在　内閣に設置された多重債務者対策本部有識者会議委員、日弁連多重債務対策本部本部長代行、全国クレジット・サラ金問題対策協議会副代表幹事、高金利引き下げ・多重債務対策全国連絡会代表幹事、全国ヤミ金融対策会議代表幹事、地下鉄サリン事件被害対策弁護団団長、オウム真理教犯罪被害者支援機構理事長、反貧困ネットワーク代表、人間らしい労働と生活を求める連絡会議（生活底上げ会議）代表世話人、年越し派遣村名誉村長
著　書　『消費者金融　実態と救済』（岩波新書）、『ヤミ金・サラ金問題と多重債務者の救済――返さなくてもよい借金がある』（明石書店）、『自己破産と借金整理法』（自由国民社）、『だれでもわかる自己破産の基礎知識――借金地獄からの脱出法』（花伝社）、『ヤミ金融撃退マニュアル』（花伝社）、『多重債務の正しい解決法』（花伝社）、『もうガマンできない！広がる貧困――人間らしい生活の再生を求めて』（編著明石書店）、『反貧困の学校――貧困をどう伝えるか、どう学ぶか』（編著明石書店）、『派遣村――何が問われているのか』（編著岩波書店）、『弁護士、闘う　宇都宮健児の事件帖』（岩波書店）、『大丈夫、人生はやり直せる――サラ金・ヤミ金・貧困との闘い』（新日本出版社）　など

事務所　東京市民法律事務所
〒104-0061 東京都中央区銀座 6-12-15　COI 銀座 612 ビル 7 F
TEL 03-3571-6051　FAX 03-3571-9379

反貧困――半生の記

2009年10月5日　初版第1刷発行

著者 ―― 宇都宮健児
発行者 ―― 平田　勝
発行 ―― 花伝社
発売 ―― 共栄書房
〒101-0065　東京都千代田区西神田 2-7-6 川合ビル
電話　03-3263-3813
FAX　03-3239-8272
E-mail　kadensha@muf.biglobe.ne.jp
URL　http://kadensha.net
振替　00140-6-59661
装幀 ―― 渡辺美知子
印刷・製本 ― 中央精版印刷株式会社

ISBN978-4-7634-0555-5 C0036